LA GUÉRISON SOMATIQUE DES TRAUMATISMES

Le cours intensif fait maison pour découvrir la véritable conscience corporelle grâce à des secrets somatiques accessibles et des techniques exclusives que votre thérapeute ne veut pas que vous connaissiez

ASCENDING VIBRATIONS

© **Copyright 2025 - Ascending Vibrations - Tous droits réservés.**

Le contenu de ce livre ne peut être reproduit, dupliqué ou transmis sans l'autorisation directe et manuscrite de l'auteur ou de l'éditeur.

En aucun cas, l'éditeur ou l'auteur ne pourra être tenu responsable de tout dommage, réparation ou perte monétaire résultant directement ou indirectement des informations contenues dans ce livre.

Avis légal :

Ce livre est protégé par le droit d'auteur. Il est réservé à un usage personnel. Vous ne pouvez pas modifier, distribuer, vendre, utiliser, citer ou paraphraser une partie ou le contenu de ce livre sans l'accord de l'auteur ou de l'éditeur.

Avis de non-responsabilité :

Veuillez noter que les informations contenues dans ce document sont uniquement destinées à des fins éducatives et de divertissement. Tous les efforts ont été déployés pour présenter des informations exactes, actualisées, fiables et complètes. Aucune garantie de quelque nature que ce soit n'est déclarée ou implicite. Les lecteurs reconnaissent que l'auteur n'est pas engagé dans la fourniture de conseils juridiques, financiers, médicaux ou professionnels. Le contenu de ce livre provient de diverses sources. Veuillez consulter un professionnel agréé avant d'essayer les techniques décrites dans ce livre.

En lisant ce document, le lecteur accepte qu'en aucun cas l'auteur ne soit responsable des pertes, directes ou indirectes, résultant de l'utilisation des informations contenues dans ce document, y compris, mais sans s'y limiter, les erreurs, les omissions ou les inexactitudes.

RÉCLAMEZ VOS BONUS CI-DESSOUS

Pour vous aider dans votre voyage spirituel, nous avons créé des bonus gratuits pour vous aider à vous libérer des bagages énergétiques qui ne vous servent plus et à vivre une vie qui vous convient mieux. Les bonus comprennent un cours en vidéo d'accompagnement avec plus de 4,5 heures de contenu motivant, des vidéos énergétiques, des méditations guidées puissantes, des articles, et plus encore.

Vous pouvez y accéder immédiatement en cliquant sur le lien ci-dessous ou en scannant le code QR avec votre téléphone portable. (En anglais)

https://bonus.ascendingvibrations.net

Bonus gratuit n° 1 : Le Cours D'harmonisation Des Chakras En 3 Etapes:

Vous voulez connaître une façon unique de cibler les chakras ? Élevez votre existence en ciblant le subconscient, le physique et le spirituel

- Découvrez une méthode unique de ciblage des chakras en 3 étapes dont beaucoup de gens ne profitent pas !
- Reprogrammez votre cerveau, élevez votre corps et votre esprit, et libérez les blocages qui vous empêchent d'atteindre la grandeur de votre vie.
- Réveillez une énergie extraordinaire pour façonner une réalité qui vous convient le mieux.
- Arrêter de perdre un temps précieux avec des méthodes inefficaces

Bonus gratuit n° 2 : La Boîte A Outils De La Formule Secrète De La Manifestation:

En avez-vous assez de vous contenter de la vie, de perdre un temps précieux, et êtes-vous prêt à accueillir votre potentiel le plus élevé ?

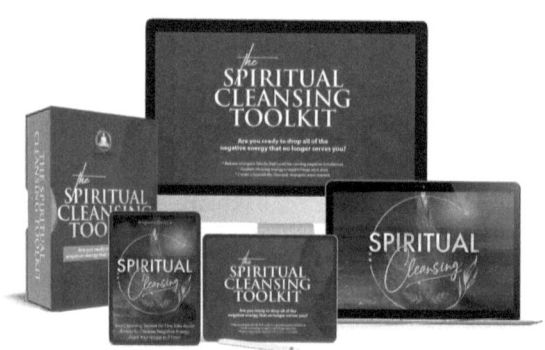

Bonus gratuit n°3 : La Boîte A Outils De Purification Spirituelle:

Êtes-vous prêt à vous débarrasser de toutes les énergies négatives qui ne vous servent plus ?

- Libérer les blocages énergétiques qui pourraient causer des déséquilibres.
- Réveillez une incroyable énergie pour dynamiser votre aura.
- Créer un environnement énergétique magnifiquement purifié.

Bonus gratuit n°4 : Une Puissante Méditation Guidée De Guérison Energétique De 10 Minutes:

Tous ces incroyables bonus sont 100% gratuits. Vous n'avez besoin d'entrer aucune information à l'exception de votre adresse e-mail. Pour obtenir un accès instantané à vos bonus, rendez-vous à l'adresse suivante:

https://bonus.ascendingvibrations.net

TABLE DES MATIÈRES

Introduction   xiii

1. SI VOUS COMPRENEZ LA THÉRAPIE SOMATIQUE, ALORS VOUS COMPRENEZ COMMENT MODIFIER VOTRE EXISTENCE POUR TOUJOURS   1
   Psychologie Somatique Et Psychothérapie   2
   Les Concepts Clés De La Thérapie Somatique   5
   La Psychothérapie Somatique A-T-Elle Ses Limites ?   7
   Les Différents Types De Thérapie Des Traumatismes   8

2. LA PLEINE CONSCIENCE SOMATIQUE ET L'EXPÉRIMENTATION   11
   La Pleine Conscience Somatique   11
   L'Expérience Somatique   16

3. LE POUVOIR DE GUÉRISON DE LA RESPIRATION - LE TRAVAIL RESPIRATOIRE SYMPTOMATIQUE   22

4. SE DONNER LES MOYENS DE COMPRENDRE LE SSPT ET LE TRAUMATISME DE L'ATTACHEMENT   29
   La Lutte, La Fuite, L'immobilisation Ou La Réaction De Soumission   34
   Exercice D'Ancrage   39
   Traumatisme De L'attachement   39
   Exercice Sur Le Traumatisme De L'attachement   42

5. SURMONTER LA DOULEUR PHYSIQUE ET LA MALADIE   43
   L'Amnésie Sensorimotrice   45
   La Pandiculation Somatique   46

6. UN TRÉSOR DE PRATIQUES SOMATIQUES   53
   La Théorie Polyvagale Et Le Nerf Vague   53
   Exercice n° 1   55

Exercice n° 2	56
Exercice n° 3	57
Exercice n° 4	57
Exercice De Respiration n° 1	59
Exercice De Respiration n° 2	60
La Méditation guidée	60
La Pendulation	61
Exercice de Pendulation	62
Le Titrage Somatique	63
La Thérapie Cognitivo-Comportementale	64
Exercice de TCC n° 1	65
Exercice de TCC n° 2	66
Psychologie De L'énergie	66
Exercice De Psychologie Energétique n° 1	68
Exercice De Psychologie De L'énergie n° 2	69
Exercice De Psychologie Energétique n° 3	69
La Psychothérapie Sensorimotrice	70
La Gestalt-Thérapie	73
Exercice De Gestalt-Thérapie n° 1	75
Thérapie Par La Focalisation	76
Thérapie Par Le Psychodrame	80
Désensibilisation Et Retraitement Par des Mouvements Oculaires (DRMO/EMDR)	84
Exercice EMDR n° 1	86
7. LE TRAUMATISME DE LA HONTE : GUÉRIR L'ENFANT INTÉRIEUR ET CRÉER DES LIMITES	87
Guérir L'enfant Intérieur Par La Thérapie Somatique	87
La Honte	98
Fixer Des Limites Saines Avec Des Compétences Somatiques	104
Exercice de limites n° 1	107

8. L'ANXIÉTÉ, L'AMOUR DE SOI,
L'AUTOCOMPASSION ET LA DÉPRESSION
ECRASANTE 109
Dépression Et Thérapie Somatique 118
Anxiété, Déclencheurs, Réduction Du Stress Et
Thérapie Somatique 120
Libération Somatique De La Colère 123

9. DÉCOUVRIR DE NOUVEAUX CHEMINS DE
GUÉRISON (D'AUTRES TECHNIQUES POUR
GUÉRIR LES TRAUMATISMES) 126
Le Qigong Et les Pratiques Des tremblements 126
Le Yoga somatique 128
Les Techniques Basées Sur Le Mouvement 131
Élimination Des Traumatismes Par Tremblements 132
L'Art-thérapie Somatique 133

10. CES PERSONNALITÉS VOUS SEMBLENT-ELLES
FAMILIÈRES ? 136
Le Trouble De La Personnalité Narcissique 137
Le Trouble De La Personnalité Limite 142
Les Partenaires Abusifs Dans Les Relations 143

11. QUE FAIRE MAINTENANT ? COMMENT
SAVOIR QUE VOUS ÊTES EN TRAIN DE
GUÉRIR ? 146
Comment Savoir Si Vous Etes En Train De Guérir 147
Ce Qu'il Faut Rechercher Chez Un Thérapeute
Somatique 148
Trouver Un Sens Après Un Traumatisme 150
Le Rituel Somatique Quotidien Pour Une Guérison
Autonome 152

Postface 157
Références 161
Votre Avis Compte 171

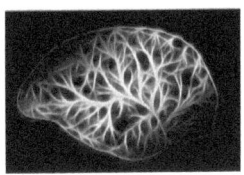

INTRODUCTION

Il est évident que de nombreux ouvrages sur la thérapie somatique de guérison visent à aider directement le lecteur à résoudre ses innombrables problèmes. Cependant, la terminologie scientifique complexe et les exercices difficiles à suivre qui sont courants dans ces ouvrages peuvent souvent laisser le lecteur perplexe et pensif. Ce livre est différent. Il s'agit d'un ouvrage d'auto-assistance au sens propre du terme. Rien ici ne sera compliqué ou déconcertant. Tout ce que j'écris est facile à comprendre et à suivre. Si les chapitres contiennent des concepts plus difficiles, je les décomposerai de manière à ce que toute personne novice en matière de guérison somatique soit en mesure de les comprendre. Vous n'aurez pas besoin d'un médecin ou d'une collection de diplômes scientifiques pour comprendre ce que l'auteur essaie de transmettre. Ce livre s'adresse à tout le monde.

Les exercices contenus dans ce livre ne seront pas si difficiles que vous devrez aller chercher de l'aide auprès de vos voisins ou consulter un thérapeute somatique professionnel pour vous aider. Non, il s'agit d'exercices simples que n'importe qui, quel que soit son âge, peut facilement suivre et réaliser dans la sécurité de son foyer.

Si vous êtes intéressé par ce livre, c'est peut-être parce que vous

INTRODUCTION

avez vécu des expériences très stressantes ou traumatisantes et que vous êtes en quête de guérison. N'oubliez pas que je suis là pour vous soutenir et vous encourager tout au long de ce voyage. J'éviterai d'utiliser un langage personnalisé et de mentionner des situations spécifiques qui pourraient déclencher chez vous la réapparition de ce traumatisme. Ce livre est un havre de paix pour vous. Vous devriez toujours pouvoir trouver cette paix et ce réconfort lorsque vous vous plongez dans ce livre. Il devrait être votre guide lorsque vous avez besoin de pratiquer des exercices pour vous aider dans votre parcours de guérison. Il ne s'agit pas d'exercices à faire une fois pour toutes. Ce sont des exercices que vous pouvez utiliser quotidiennement pour encourager la guérison en vous. Ne vous inquiétez pas : vous n'avez pas besoin d'adhérer à une religion mystique ou de suivre un chef chamanique pour participer à la guérison. Tout ce qui est présenté ici est pragmatique et vise à votre plaisir, à votre connaissance et à votre illumination. Il n'est pas nécessaire de changer tout votre système de croyances pour en bénéficier.

Je parlerai également des traumatismes et de leur impact sur notre vie à tous. Quel que soit votre âge ou votre sexe, si vous avez survécu à une expérience traumatisante, ce livre est là pour vous aider d'une manière qui ne vous accablera pas et ne vous découragera pas. Je vous rappellerai à quel point vous êtes une personne unique et résiliente et comment, si vous vous engagez sur la voie de la guérison, vous pourrez être la meilleure version de vous-même.

NOUS NE SOMMES PAS QUE DES ESPRITS : COMMENT LES TRAUMATISMES AFFECTENT NOTRE CORPS ET NOTRE SANTÉ

Le traumatisme est une expérience que tous les êtres humains ont en commun et à laquelle nous pouvons tous nous identifier. Parfois, cela peut être évident : nous sommes victimes d'un accident de voiture ou nous perdons un être cher de manière inattendue - cela peut être une expérience traumatisante pour nous,

INTRODUCTION

mais parfois, le traumatisme n'est pas aussi évident. Nous avons peut-être rencontré un conflit avec un collègue de travail ; quelqu'un nous a peut-être insulté ou rabaissé. Cela n'a l'air de rien, mais ces petites choses peuvent aussi être des expériences traumatisantes. Le risque de traumatisme est une réalité que nous vivons tous les jours. Notre réaction au traumatisme varie d'une personne à l'autre, car elle dépend de la manière dont le cerveau de chacun réagit à ces situations, à la fois au moment de l'événement et dans le futur.

Le problème est que si le traumatisme n'est pas pris en compte, ce n'est pas seulement notre cerveau qui est touché, mais notre corps tout entier. Les effets d'un traumatisme peuvent avoir de graves répercussions sur notre bien-être et notre santé. Ils peuvent tout affecter, de la digestion au rythme cardiaque. Il est important de se rappeler que le traumatisme n'affecte pas seulement notre esprit : Il peut affecter notre corps tout entier et n'importe quel aspect de notre santé. Bien entendu, il est essentiel d'éliminer les traumatismes de notre corps et d'apprendre à en guérir. Dans le cas contraire, il peut entraîner des maladies chroniques. Les traumatismes ont conduit à des maladies telles que le diabète de type 2, la polyarthrite rhumatoïde et les maladies cardiaques (Richmond, 2018). Mon père a reçu un diagnostic de polyarthrite rhumatoïde à la fin de sa vie. Sachant ce que je connais aujourd'hui des traumatismes, je me demande si ccla était lié à la mort de sa femme (ma mère). Ils étaient ensemble depuis très longtemps. Dire que sa mort a été un choc pour lui serait un euphémisme. Si seulement j'avais connu la thérapie somatique à l'époque, j'aurais peut-être pu aider davantage mon père à surmonter cette expérience traumatisante. Nous avons tous des réactions différentes. Je tiens donc à vous rassurer : ce n'est pas parce que vous avez vécu une expérience traumatisante que vous souffrirez immédiatement d'une maladie. Mais elle a le potentiel de le faire si elle n'est pas prise en compte.

Quelque chose comme un traumatisme, souvent considéré comme un aspect mental, se manifeste par des réactions physiques

INTRODUCTION

telles que des maux de tête, des tensions musculaires, de la fatigue et des problèmes d'estomac (Richmond, 2018). C'est le genre de douleur physique constante qu'aucun d'entre nous ne veut endurer à moins d'y être obligé. Elle se manifeste également dans nos émotions et nos sentiments. Certains d'entre nous peuvent se sentir déconcertés, d'autres complètement isolés, d'autres encore se sentent piégés, d'autres se sentent désespérés et ont l'impression de n'avoir aucun contrôle sur eux-mêmes, ou d'autres encore peuvent cesser de ressentir et de se préoccuper d'eux-mêmes et des autres. Le traumatisme peut commencer dans le cerveau, mais il peut affecter tout notre être si nous n'apprenons pas à en guérir. C'est cette information que je vais tenter de vous fournir. En suivant les conseils et les exercices proposés dans ce livre, vous pourrez entamer votre parcours de guérison et apprendre à transformer votre vie pour que le passé ne la domine plus. Il est temps pour vous d'arrêter de vous penser au passé et de vous concentrer sur la construction de votre avenir.

1
SI VOUS COMPRENEZ LA THÉRAPIE SOMATIQUE, ALORS VOUS COMPRENEZ COMMENT MODIFIER VOTRE EXISTENCE POUR TOUJOURS

Le mot "somatique" vient à l'origine du mot grec *soma* qui signifie "corps vivant" (Erdelyi, 2019). Ce regard sur l'origine du mot vous donne une bonne idée de ce qu'est la thérapie somatique. Il s'agit d'être à l'écoute de son corps et de son esprit et de faire le lien entre les deux. En écoutant le corps et en apprenant à le guérir, vous guérirez à votre tour votre esprit. L'idée qui sous-tend la thérapie somatique est qu'une grande partie de ce dont nous souffrons aujourd'hui est due à des traumatismes passés. On pense qu'une majeure partie de ce traumatisme est restée piégée dans notre système nerveux. Les symptômes et les effets des traumatismes que nous manifestons physiquement résultent de l'instabilité de notre système nerveux causée par ces expériences passées.

Certains peuvent considérer cette croyance comme illusoire. La science soutient cette théorie selon laquelle le corps et l'esprit sont liés. Morrisey a chanté un jour dans la chanson "Still Ill" des Smith : "Le corps contrôle-t-il l'esprit ou l'esprit contrôle -t-il le corps ? Je ne sais pas" (Morrisey & Marr, 1984). Cependant, plus la recherche scientifique et médicale avance dans ce domaine, plus nous nous rendons compte que l'esprit et le corps sont interconnectés et que la douleur peut fonctionner dans les deux sens. Par exemple, une étude réalisée en 2005 a conclu que les douleurs dorsales chroniques entraînaient souvent des phénomènes tels que l'anxiété et des réactions émotionnelles extrêmes (Von Korff et al., 2005). Une étude réalisée en 2020 s'est concentrée sur la manière dont la douleur sociale, c'est-à-dire l'isolement ou les expériences négatives d'interaction, peut entraîner une douleur physique (Zhang et al., 2020). Par conséquent, la guérison somatique est utilisée comme thérapie parce qu'elle s'adresse à la fois à l'esprit et au corps. Elle s'intéresse également à nos émotions et à nos sentiments. Elle ne part pas du principe que la douleur physique ne peut être guérie que par une thérapie physique ou que la santé mentale ne peut être traitée que par une thérapie psychologique.

PSYCHOLOGIE SOMATIQUE ET PSYCHOTHÉRAPIE

Il est maintenant temps de présenter la psychologie somatique et la psychothérapie. La psychologie somatique englobe les méthodes thérapeutiques et holistiques concernant le corps, dont la psychothérapie somatique est la branche la plus importante.

La psychothérapie somatique englobe également l'approche thérapeutique et holistique de la psychologie somatique. Elle cherche à résoudre les problèmes liés au corps, à l'esprit et aux émotions dans le cadre du processus de guérison. L'idée est que les pensées, les perspectives, les principes et les émotions d'une personne peuvent avoir un impact sur son bien-être physique, et que des éléments physiques tels que la posture, l'exercice et le régime alimentaire peuvent avoir un impact sur le mental d'une personne. Quiconque a vu le documentaire *Super Size Me* (2004) de Morgan Spurlock sait que Morgan avait de nombreux problèmes physiques causés par le fait d'avoir mangé dans une chaîne de restauration rapide bien connue et qu'il souffrait également de sautes d'humeur extrêmes. Sa santé mentale, et pas seulement sa santé physique, s'est détériorée à la suite de cette expérience.

La psychothérapie somatique est une méthode fondée sur le lien entre le corps et l'esprit. Les adeptes de la psychothérapie somatique considèrent que le corps et l'esprit ne font qu'un et que toute thérapie doit tenir compte de ces deux facteurs. Ils pensent que l'esprit et le corps peuvent évoluer vers la guérison lorsqu'ils bénéficient d'une approche, d'un environnement, d'interactions sociales, d'encouragements et de respect appropriés. Si c'est le cas, l'esprit et le corps peuvent s'autoréguler pour faire face au stress et aux tensions de la vie. Dans le cas contraire, le traumatisme est stocké dans le corps et peut avoir un impact sur des éléments tels que la posture, les expressions faciales et le langage corporel. Les thérapies traditionnelles, comme la thérapie par la parole, peuvent aider à surmonter les traumatismes, mais l'ajout d'une approche holistique, comme les techniques thérapeutiques somatiques, peut faire des merveilles. Il en va de même pour les thérapies corporelles : Elles peuvent traiter des problèmes physiques et même certains problèmes psychologiques, mais elles ne résolvent pas les problèmes de santé mentale profondément ancrés.

On attribue souvent à William Reich la découverte des idées qui sous-tendent la guérison somatique. Toutefois, il a bénéficié du fait d'avoir été l'élève de Sigmund Freud, qui a lui-même développé les premières idées sur ce que nous considérons aujourd'hui comme la guérison somatique. Pierre Janet a également contribué très tôt à ce type de pensées et d'idées. Cependant, Reich a développé ces points de vue pour en faire un concept beaucoup plus progressif. Il pensait que les instincts humains étaient naturellement bons. À partir de cette croyance, il a élaboré une théorie qui intègre le corps. Dans son livre *Character Analysis* (1933), Reich suggère que le corps est affecté par les émotions enfouies et même par la personnalité d'une personne. Cela peut se traduire par des tensions dans les muscles, la posture et la façon dont une personne se déplace. Il qualifiait cette idée d'"armure corporelle". Il en a donc conclu que pour libérer les émotions piégées au plus profond du corps, il fallait appliquer une certaine forme de force physique au corps (Bell, 2017). Bien que certaines des idées ultérieures de Reich aient été rejetées par la profession de psychologue, il avait posé les pierres angulaires de la thérapie somatique. Il est aujourd'hui largement admis que l'esprit et le corps sont beaucoup plus proches l'un de l'autre et ne sont pas des entités séparées comme on le croyait auparavant. De nombreux professionnels de la santé mentale soutiennent désormais une approche plus holistique lorsqu'ils s'occupent de personnes touchées par un traumatisme.

La psychothérapie somatique consiste à prêter attention aux signaux du corps, et pas seulement à ce que nous dit notre esprit. Il peut s'agir de tensions musculaires - généralement autour de la tête, du cou et des épaules - ou de problèmes de digestion, de problèmes hormonaux ou de dysfonctionnements sexuels. Les psychothérapeutes somatiques aident la personne à écouter son corps et à prendre conscience de ces signaux. Il lui propose ensuite la technique thérapeutique qu'il estime la mieux à même d'atténuer les problèmes. Il peut s'agir d'exercices tels que des techniques de respiration ou de quelque chose de très physique comme des mouvements de danse. La personne peut également discuter de ses habitudes comportementales et noter, à l'avenir, l'impact de ces habitudes sur les nouvelles pensées et les nouveaux sentiments qui peuvent apparaître au cours de la thérapie somatique.

Essentiellement, la thérapie somatique peut aider les gens à prendre conscience de leur corps et de leur esprit et les aider à s'ouvrir et à réfléchir davantage à leurs émotions et à leurs problèmes physiques. Comme nous le verrons dans les chapitres suivants, la thérapie somatique est en train de devenir la norme pour aider les personnes qui ont souffert de stress post-traumatique (SSPT). Comprendre la thérapie somatique et l'intégrer dans votre routine peut vous aider à résoudre un certain nombre de problèmes tels que la gestion du stress, de l'anxiété et de la dépression, la résolution de problèmes relationnels et d'interaction, ou encore le renforcement de la confiance en soi.

LES CONCEPTS CLÉS DE LA THÉRAPIE SOMATIQUE

Je discuterai des concepts clés contenus dans chaque chapitre de manière beaucoup plus détaillée au fur et à mesure que nous avancerons. Cependant, dans ce premier chapitre, j'ai voulu vous donner un bref aperçu de ces concepts essentiels afin que vous ayez déjà une compréhension de base lorsque nous approfondirons ces idées plus tard.

L'Ancrage

L'ancrage est une technique utilisée sur le corps qui permet de se sentir dans le moment présent. Elle fait appel à la capacité de la personne à percevoir son corps physique, en utilisant ses sens et en sentant ancrée au sol. Par essence, l'ancrage consiste à gérer le système nerveux et à apprendre à se sentir calme.

Le Développement Des Limites

Le développement des limites permet à la personne de se concentrer sur le présent, de lui donner les outils nécessaires pour répondre positivement à ses besoins changeants et de fixer des limites claires. Il permet à une personne de réagir avec confiance à des situations changeantes et de se prémunir contre le risque d'être submergé.

L'autorégulation

Je crois que certaines personnes pensent que je pourrais parler d'autorégulation lorsqu'il s'agit de consommation de gâteaux ou d'alcool ! Pourtant, ce concept concerne davantage l'autorégulation de votre corps, pas nécessairement votre régime alimentaire ou vos habitudes de consommation d'alcool (bien que l'autorégulation des deux ne soit pas une mauvaise idée). Il s'agit de l'idée que la personne reste consciente et ressent une partie de son corps lors d'émotions ou de sensations profondes. La personne apprend à autoréguler toutes les sensibilités physiques majeures et peut les autoréguler ou y répondre de manière appropriée en cas d'impact émotionnel grave.

Mouvement et processus

Comme je l'ai souligné, la thérapie somatique consiste à être à l'écoute de son corps. Cela signifie que la posture d'une personne, son sens de l'espace et son langage corporel, comme les gestes, peuvent donner une compréhension précise des types d'expériences de vie qu'une personne peut avoir vécues. Le mouvement peut être un moyen pour une personne de s'engager dans la résolution de ses problèmes.

Le Séquençage

Le séquençage concerne la façon dont la tension accumulée par des expériences traumatisantes peut se déplacer dans le corps. Par exemple, la tension peut commencer dans l'estomac. Elle peut ensuite se déplacer dans la poitrine, qui peut se resserrer, puis remonter jusqu'à la gorge où, là encore, un resserrement peut se produire, rendant la respiration difficile. Il se peut que la tension se traduise par des pleurs et des larmes qui sortent des yeux, ce qui libère la personne et lui permet de mieux respirer.

Le Dosage

Le dosage est la procédure qui consiste à rencontrer des quantités mineures d'angoisse tout en guérissant la personne dans son ensemble. Une personne se replonge très lentement dans ses expériences traumatiques passées et, à mesure qu'elle le fait, le thérapeute somatique vérifie les réponses et les sensations dans le corps. Il ne se contente pas de surveiller l'aspect physique : Il continuera à parler à la personne, mais il sera attentif à des choses telles que des difficultés respiratoires, des poings serrés, des grincements de dents ou une différence dans le son de la voix.

Le Ressourcement

Le ressourcement concerne les ressources que vous pouvez donner à une personne pour qu'elle ait le sentiment de pouvoir faire des choix en toute sécurité et qu'elle ne se sente pas submergée et anxieuse. La personne apprendra à identifier les lieux, les personnes et les choses qui lui permettent de se sentir en sécurité et calme. Elle s'en servira chaque fois qu'elle se sentira en détresse. Elle découvrira comment se sentir en paix avec le monde et ce que son corps ressent.

LA PSYCHOTHÉRAPIE SOMATIQUE A-T-ELLE SES LIMITES ?

Bien que la psychothérapie somatique devienne de plus en plus courante en tant qu'option thérapeutique pour traiter les traumatismes, certaines préoccupations et limites ont été soulevées par ceux qui s'y opposent. L'une de ces préoccupations concerne la thérapie par le toucher, qui peut parfois être utilisée dans le cadre d'une thérapie somatique. De nombreux professionnels de la thérapie estiment que la thérapie par le toucher a des implications éthiques. Bien qu'il soit reconnu que certaines thérapies par le toucher peuvent avoir un effet curatif en réduisant la douleur ou la tension, il est également reconnu que le fait de toucher certaines victimes d'abus peut déclencher leur traumatisme. Il est également possible que le toucher, tout comme il peut provoquer la réapparition du traumatisme, mette certaines personnes très mal à l'aise, voire pour certaines personnes les exciter. Cela peut signifier qu'il détourne l'attention de l'objectif de la thérapie. Le patient peut finir par transférer sur le thérapeute des sentiments et des émotions liés à quelqu'un ou à quelque chose d'autre ; l'inverse est également possible : le thérapeute place sur lui des sentiments et des émotions qui ne concernent pas directement le patient. Par conséquent, le thérapeute et le patient doivent convenir que le toucher est un élément acceptable de la thérapie et que le patient est disposé à étudier et à prendre conscience de son corps. Tous les cours de psychothérapie corporelle n'ont pas été accrédités dans certains pays, car on considère qu'ils ne répondent pas à tous les critères scientifiques requis. Par conséquent, lorsque vous recherchez ces types de cours spécifiques, vous devez être conscient de ce scénario (Bell, 2017).

LES DIFFÉRENTS TYPES DE THÉRAPIE DES TRAUMATISMES

Enfin, dans ce chapitre, je décrirai quelques-uns des programmes et des procédures que vous pouvez suivre et auxquels vous pouvez participer dans le cadre de la thérapie somatique. Je les aborderai de manière beaucoup plus détaillée dans les différents chapitres du livre, mais il s'agit ici de vous donner une idée de ce qui pourrait vous intéresser ou de ce qui pourrait vous intéresser plus particulièrement - bien que tout le monde puisse en bénéficier.

L'Art-Thérapie

L'art-thérapie peut être un moyen utile de traiter les traumatismes. Elle permet à une personne de créer ce qu'elle veut et au rythme qu'elle le souhaite. De plus, elle inclut des éléments visuels et physiques. L'art devient alors une libération de ce traumatisme tout en permettant à la personne de devenir plus consciente de son corps et des sensations qu'elle éprouve en touchant des objets et en créant.

La Technique De Liberté Emotionnelle (EFT) Par Tapotements

L'EFT utilise des principes similaires à ceux de l'acupuncture. Elle considère qu'il existe des points spécifiques sur le corps liés à des organes ou à d'autres parties internes du corps. En tapotant sur ces points avec les doigts, on envoie des messages au cerveau. Cela permet de soulager la tension et la pression accumulées à la suite d'expériences et d'émotions négatives.

La Thérapie De Désensibilisation Et De Retraitement Par Des Mouvements Oculaires (EMDR/DRMO)

La thérapie EMDR consiste à faire revivre à la personne son traumatisme de manière lente et intermittente pendant que le thérapeute lui demande de bouger les yeux. L'idée est qu'il est plus facile de se remémorer de terribles expériences passées lorsque l'attention est détournée. Le fait de détourner son attention de cette manière produit une réaction physique et émotionnelle beaucoup moins forte au traumatisme.

La Psychologie De L'énergie

L'EFT est une forme de psychologie énergétique. Elle consiste à utiliser des méthodes d'acupuncture pour tapoter les points d'énergie du corps pendant que la personne qui suit la thérapie se concentre sur des événements ou des expériences traumatisants de sa vie.

La Thérapie Par La Focalisation Ou Le Centrage

La thérapie de focalisation consiste à ressentir cette sensation dans le corps chaque fois que l'on se souvient d'une expérience traumatisante - à se concentrer sur cette sensation dans le corps pour qu'elle forme une image. Cette image peut ensuite être utilisée pour déterminer où le traumatisme est coincé et comment y remédier.

La Gestalt-Thérapie

La thérapie Gestalt consiste à se concentrer sur le ici et le maintenant. Elle vise à empêcher une personne de penser constamment au passé. Elle encourage la personne à prendre conscience des sentiments et des émotions qu'elle éprouve actuellement et lui indique comment les relier aux symptômes physiques. Il existe différentes formes de thérapie Gestalt que j'aborderai plus en détail ultérieurement.

La Thérapie Guidée Par Image

"Imaginez que vous êtes sur une plage et que les vagues clapotent à vos pieds. Nous avons tous entendu ce genre de propos pour inciter les gens à se détendre. C'est ce qu'est la thérapie par imagerie guidée : Elle utilise des images pour aider les gens à se libérer de l'angoisse mentale et du stress.

La Pleine Conscience

La pleine conscience est la pratique qui consiste à prendre conscience des pensées et des sentiments tels qu'ils apparaissent, sans porter de jugement sur ces pensées.

Le Psychodrame

Le psychodrame permet à la personne de dire ou de faire tout ce qui est nécessaire pour guérir du traumatisme. Cela implique de revivre le traumatisme, pour lequel diverses techniques peuvent être appliquées. Je reviendrai sur ce point plus en détail dans la suite du livre.

La Psychothérapie Sensorimotrice

Cet aspect de la psychothérapie est centré sur le corps et sur la façon dont son écoute et sa compréhension peuvent aider à guérir nos traumatismes.

L'Expérience Somatique

L'expérience somatique consiste également à placer le corps au centre - en particulier le système nerveux -, à écouter ce qu'il a à nous dire et à réagir en conséquence.

La Thérapie Par La Danse/Mouvement

Comme son nom l'indique, cette forme de thérapie utilise le mouvement, souvent la danse. L'idée est que la personne peut être capable de s'exprimer par la danse et le mouvement d'une manière qu'elle n'aurait jamais pu l'exprimer verbalement, ce qui peut l'aider à guérir de ses problèmes de santé mentale.

2
LA PLEINE CONSCIENCE SOMATIQUE ET L'EXPÉRIMENTATION

LA PLEINE CONSCIENCE SOMATIQUE

La pleine conscience somatique est un élément essentiel de la thérapie somatique. La prise de conscience de son corps et de ce qu'il fait ici et maintenant est un élément essentiel de la thérapie somatique - et non de ce que le corps a ressenti dans le passé ou de ce qu'il ressentira dans le futur. Beaucoup d'entre nous n'écoutent pas leur corps et sont inconscients de ce qu'il essaie de nous dire. Vous avez la possibilité de vous détacher de ce que le système nerveux vous dit. Il peut vous dire de vous sentir anxieux, sur la défensive ou dépassé - quel que soit le comportement avec lequel vous vous sentez inconsciemment le plus à l'aise - même si, la réalité vous met mal à l'aise.

La pleine conscience est un concept bouddhiste à l'origine. Au fil des siècles, elle s'est lentement développée pour devenir un outil que les thérapeutes et les médecins occidentaux utilisent souvent pour améliorer la santé mentale.

Andrea Bell raconte un excellent exemple tiré de son expérience de thérapeute. Il s'agit d'un patient issu d'un milieu difficile où il ne pouvait faire confiance à personne. Après quelques séances avec lui, pour des raisons qui n'avaient rien à voir avec le patient, elle a changé le mobilier de son bureau pour un mobilier plus agréable à ses yeux. Cependant, lorsqu'il est entré et s'est assis sur la nouvelle chaise, plus confortable et plus luxueuse, il est devenu immédiatement méfiant, demandant à Andrea pourquoi elle avait changé le mobilier et si elle ne le faisait pas exprès pour le mettre mal à l'aise. Une fois qu'Andrea lui a expliqué les vraies raisons du changement, le garçon s'est détendu et a apprécié le confort de la nouvelle chaise. Cela vous montre à quel point nous sommes souvent dictés par nos comportements et nos expériences du passé et que nous oublions d'apprécier le présent et de l'utiliser pour suggérer comment l'avenir pourrait se dérouler. Dans ce cas, le garçon pensait que les sensations thérapeutiques avec Andrea allaient échouer. Andrea a donc travaillé avec lui pour distinguer les sensations physiques qu'il ressentait lorsqu'il entrait dans la pièce. Il sera alors en mesure d'intégrer ces réactions lorsqu'il les ressentira à nouveau, d'apprendre à les écouter et de penser à la question de savoir si c'est la réponse la plus appropriée. Plus il le fera, plus sa réaction initiale au changement devrait se calmer et, petit à petit, ne plus être ressentie comme une menace (Bell, 2018).

L'autre aspect de la pleine conscience est qu'elle nous apprend à ne plus nous juger nous-mêmes. Au lieu de penser à quelque chose que nous avons dit ou fait de mal dans le passé pendant que nous vivons notre vie quotidienne, la pleine conscience nous apprend à ne pas nous juger si durement. Elle nous aide à ne pas nous préoccuper des choses du passé, mais à nous concentrer sur le présent et à l'apprécier.

Nous savons que cela peut fonctionner. Si vous avez déjà observé des athlètes avant une course, vous les verrez effectuer divers mouvements et rituels. Tout ce qu'ils font, c'est pratiquer la pleine conscience pour être bel et bien dans le moment présent et, par conséquent, détendus et calmes – sans avoir ces pensées douteuses et anxieuses qui traversent leur esprit et se manifestent dans leur corps par des tensions musculaires. Ceux qui pratiquent le plus la pleine conscience sont généralement ceux qui gagnent la course.

Il existe de nombreuses preuves de l'efficacité de la pleine conscience pour résoudre de nombreux problèmes. Elle peut contribuer à réduire la procrastination. Une étude a montré que les participants à un cours intensif de méditation ont nettement amélioré leur procrastination par rapport à ceux qui n'ont pas suivi le cours (Chambers et al., 2008). Plusieurs études proclament également la réduction du stress et de l'anxiété grâce à la pratique de la pleine conscience. Une étude de 2010 a conclu que la pleine conscience traitait efficacement le stress, l'anxiété et d'autres problèmes d'humeur possibles (Hoffman et al., 2010).

Cela ne s'arrête pas là non plus. Une étude réalisée en 2009 a suggéré que la pleine conscience pouvait améliorer considérablement l'attention et la concentration. Les participants à des tests spécifiques ont obtenu de bien meilleurs résultats s'ils avaient pratiqué la pleine conscience que s'ils ne l'avaient pas fait (Moore & Malinowski, 2009).

En outre, une étude de 2007 a montré que les personnes qui avaient pratiqué la pleine conscience pouvaient bien mieux affronter des images bouleversantes ou provoquant des émotions que celles qui n'avaient pas pratiqué la pleine conscience. L'étude a conclu que la pleine conscience pouvait réduire l'impact des facteurs qui ont tendance à provoquer une réaction émotionnelle (Ortner et al., 2007).

Il semble que la pleine conscience ait un impact positif non seulement sur vous-même, mais aussi sur vos relations avec les autres. Une étude réalisée en 2007 a montré que les personnes qui pratiquaient la pleine conscience étaient bien mieux à même de gérer le type de conflit qui survient dans les relations amoureuses, qu'elles avaient plus de chances de vivre une relation heureuse et satisfaisante, et que celles qui pratiquaient la pleine conscience étaient capables de mieux communiquer que celles qui ne la pratiquaient pas (Barnes et al., 2007).

L'une des conséquences de la récente pandémie et des nombreux blocages qui se produisent dans le monde est qu'elle a engendré beaucoup de stress et d'anxiété. Il est devenu presque impossible de profiter du moment présent parce que nous nous inquiétons constamment de ce qui nous attend. Cependant, la pleine conscience somatique est quelque chose que vous pouvez introduire facilement dans votre routine quotidienne ; vous pouvez donc réduire le stress et l'angoisse que vous pouvez ressentir. Ce n'est pas une activité qui occupera toute votre journée. Il vous suffit de 20 à 30 minutes dans votre journée pour vous détendre et faire le point sur vous-même et sur le monde qui vous entoure. Vous pouvez faire d'autres choses pendant que vous commencez votre pratique de la pleine conscience. Vous pouvez vous brosser les dents et penser à vos pieds bien ancrés sur le sol, à la sensation de la brosse à dents dans votre main et sur vos dents, et au mouvement de votre bras de haut en bas ou d'un côté à l'autre pendant que vous vous brossez les dents.

De nos jours, beaucoup de gens ont un lave-vaisselle, mais je n'en fais pas partie. Un bon effet secondaire est que je peux pratiquer la pleine conscience en faisant la vaisselle. Je peux me concentrer sur la sensation de l'eau savonneuse sur mes mains et sur le bruit des couverts contre la vaisselle. Laver la vaisselle est un excellent moyen de prendre conscience des images et des sons et d'accroître votre vigilance. Si vous rangez vos vêtements propres, prenez le temps de les sentir et de les toucher. Vous pouvez même respirer profondément et prendre conscience de votre respiration pendant que vous pliez et rangez vos vêtements. Si vous êtes un adepte de la salle de sport (ou un pratiquant occasionnel), essayez de courir sur le tapis roulant au lieu de regarder la télévision lors de votre prochaine visite. Au lieu d'écouter un rythme effréné dans vos écouteurs, essayez de vous concentrer sur la sensation de vos pieds sur le tapis roulant pendant que vous vous déplacez. Concentrez-vous sur votre respiration et sur la façon dont elle s'accélère au fur et à mesure que vous avancez sur le tapis de course.

Dans cette optique, comment pratiquer la méditation de pleine conscience de manière spécifique ? La première chose à faire est de se mettre à l'aise. Trouvez le siège le plus confortable de votre maison ou asseyez-vous par terre si vous préférez. Ne riez pas : Je connais des personnes qui préfèrent s'asseoir par terre plutôt que sur une chaise. Où que vous soyez assis, vous devez garder le dos droit, mais pas trop raide. Vous devez pouvoir rester détendu. L'endroit que vous avez choisi doit être aussi calme que possible, car vous ne voulez pas qu'un bruit quelconque vous distraie. Vous devez porter des vêtements aussi confortables que possible, ni trop amples ni trop serrés, car vous ne voulez rien qui puisse vous distraire de votre méditation. Pour commencer, vous pouvez essayer de méditer pendant cinq minutes, puis 10 minutes, 15 ou 20 minutes, et enfin 30 minutes.

Pour commencer, concentrez-vous sur votre respiration. Prenez conscience de votre respiration. Remarquez la sensation de votre diaphragme qui entre et sort. Remarquez l'air qui entre et sort de vos narines et de votre bouche. Vous pouvez même détecter la baisse de température lorsque vous expirez par rapport à l'inspiration.

Le but de la méditation attentive n'est pas nécessairement d'arrêter complètement vos pensées, mais d'en être conscient et d'en prendre note au fur et à mesure qu'elles surviennent. Il n'est pas nécessaire d'essayer de les ignorer ou de les supprimer, mais de les noter et de rester calme, en utilisant votre respiration pour empêcher votre esprit de s'emballer. Vous devez noter chaque pensée et la laisser s'écouler, comme des produits d'usine sur un tapis roulant. Vous pouvez faire cela autant de fois que nécessaire tout au long de votre méditation.

Si votre esprit part dans toutes les directions et que vous commencez à vous sentir anxieux ou paniqué, prenez note de vos pensées et de ce qui vous a stressé. Revenez ensuite à votre respiration - des respirations profondes et lentes. Ne vous jugez pas si cela vous arrive souvent. Le monde moderne regorge de gadgets et de trucs pour nous distraire. Nous ne sommes tout simplement pas habitués à être calmes, dans le présent et conscients, alors ne soyez pas sévère avec vous-même. La pleine conscience consiste à reprendre sa respiration et à se concentrer sur le moment présent.

Comme vous pouvez le constater, vous pouvez facilement

pratiquer cette pleine conscience à la maison. Vous n'avez pas besoin d'être dans le cabinet d'un thérapeute pour la mettre en œuvre. Si vous avez des difficultés, il existe des milliers de vidéos sur YouTube et de nombreuses applications que vous pouvez télécharger pour vous aider dans votre pratique.

L'EXPÉRIENCE SOMATIQUE

Peter Levine a spécifiquement développé l'expérience somatique (ES) pour les personnes souffrant de traumatismes. Levine a été inspiré par l'observation d'animaux qui sont souvent des proies et qui se remettent rapidement d'une attaque potentielle. Ils passent par un processus physique pour libérer l'énergie nerveuse accumulée pendant la menace. Levine a suggéré que les humains n'ont pas cette libération physique ; le traumatisme reste dans leur esprit et entraîne des pensées d'anxiété, d'embarras et de nombreux autres sentiments dangereux. La libération dont Levine pense que la nature a besoin ne se produit pas sporadiquement chez l'homme. L'expérience somatique est la réponse à cela - elle aide les humains à traiter le traumatisme qu'ils ont subi et qui est resté piégé en eux (Osadchey, 2018).

Le système nerveux humain se met en action dès que nous nous trouvons dans une situation dangereuse, décidant de notre réaction de combat, de fuite et d'immobilisation. Il le fait presque instinctivement, sans que nous ayons besoin de réfléchir. Cependant, lorsqu'une personne vit une expérience traumatisante, en particulier si cette expérience est enfouie et n'est pas libérée, le système nerveux peut commencer à se dérégler. Il commence à se comporter comme si la personne était constamment sous la menace d'une attaque - chaque situation devient potentiellement traumatisante. L'expérience somatique estime que l'enfouissement du traumatisme entraîne le type de symptômes que nous observons souvent, tels que l'anxiété, la honte et l'embarras. Si le corps a la possibilité de traiter véritablement l'expérience traumatisante qu'il a vécue, ces symptômes ne se manifestent pas à long terme.

L'expérience somatique consiste essentiellement à permettre au corps et au système nerveux de s'autoréguler et de trouver l'harmonie et l'équilibre dans le corps.

L'expérience somatique se concentre sur les sentiments et les sensations qui se produisent dans le corps - en prendre conscience et les comprendre. Cela peut être assez intimidant pour de nombreuses personnes, car elles n'ont jamais pensé à leur corps de cette manière ; cependant, cela peut être très gratifiant. Une fois que vous vous êtes habitué à ces sentiments et à ces sensations, vous pouvez commencer à les noter et, lorsqu'ils se présenteront à l'avenir, vous pourrez empêcher votre esprit de les supprimer. C'est là que l'harmonie entre votre cerveau et votre corps entre en jeu pour permettre la libération physique du traumatisme dont vous avez besoin pour vous permettre de guérir.

Comme pour toutes les thérapies somatiques, les recherches et les preuves dans ce domaine sont encore récentes, et il n'existe donc pas de preuves concluantes. Néanmoins, les preuves scientifiques de l'impact positif de l'ES sur les personnes ayant subi un traumatisme sont de plus en plus nombreuses. Bien qu'une étude de 2017 n'ait utilisé qu'un petit échantillon de personnes, elle a révélé que l'ES est un traitement efficace, en particulier pour les personnes souffrant de SSPT (Brom et al, 2017).

Voici quelques exercices d'expérience somatique simples et faciles à réaliser chez vous. Vous devriez commencer à voir si cette forme de thérapie vous convient et si elle fait une différence positive. Il serait préférable que vous essayiez de tenir au moins une minute avec l'exercice - idéalement, beaucoup plus longtemps que cela.

- **1:** Asseyez-vous dans votre fauteuil confortable préféré et observez les sensations que vous éprouvez. Pensez à la façon dont vos pieds sont posés sur le sol ; bougez-les d'avant en arrière jusqu'à ce que vous ayez l'impression que le sol n'est qu'une extension de vos pieds. Ensuite, pensez à la sensation de votre dos et de vos fesses sur la chaise ou à la façon dont la chaise vous soutient. Si vous vous penchez en avant sur la chaise, veillez à vous pencher en arrière et à permettre à la chaise de vous soutenir. Remuez sur votre chaise jusqu'à ce que vous atteigniez votre zone de confort optimale. Prenez le temps d'apprécier le confort de la chaise, la façon dont elle vous soutient et la façon dont le sol soutient vos pieds. Jetez un coup d'œil autour de la pièce et à l'extérieur par la fenêtre, si nécessaire, et cherchez quelque chose qui vous calme et vous rend heureux— il peut s'agir d'un tableau accroché à un mur ou des murs eux-mêmes. Il peut s'agir des arbres et des buissons à l'extérieur ; peut-être les oiseaux y gazouillent-ils et y jouent-ils. C'est peut-être la moquette sur le sol. Quoi qu'il en soit, prenez le temps de les apprécier et de profiter des sentiments qu'ils vous procurent. Maintenant que vous avez fait tout cela, comment vous sentez-vous par rapport à votre confort, à la fois physique et émotionnel ? Si vous prenez le temps de faire cet exercice, il peut vraiment faire la différence en calmant votre système nerveux et en apportant de l'harmonie à votre corps et à vos émotions.

- **2:** Pour le deuxième exercice, prenez le temps de tout assimiler - tout ce qui vous entoure et ce que vous ressentez. Ensuite, prenez votre main droite et placez-la juste sous votre aisselle gauche, en serrant le côté de votre poitrine. Prenez ensuite votre main gauche et posez-la sur votre biceps, votre coude ou votre épaule droite, selon ce qui est le plus facile. À ce stade, prenez le temps de réfléchir à ce que vous ressentez. Votre corps est-il froid ou chaud sous vos mains ? Vos vêtements sont-ils doux ou plutôt rugueux ? Y a-t-il autre chose que vous remarquez ? Peut-être sentez-vous les battements de votre cœur, peut-être êtes-vous conscient de votre respiration. Trouvez-vous cela satisfaisant ? Cela vous apporte-t-il un certain réconfort d'envelopper votre corps avec vos mains de cette façon ? Voyez ensuite comment le reste de votre corps réagit à ce type de contact physique. Essayez la même chose avec vos jambes. Comparez maintenant ce que vous remarquez dans votre environnement et ce que votre corps ressent avec ce que vous avez noté au début de l'exercice. En période d'anxiété ou de stress, ce type d'exercice peut ramener un peu de confort et de paix dans votre corps grâce à votre toucher physique.

- **3 :** L'un des meilleurs exercices consiste à se souvenir d'un moment où quelqu'un a fait preuve de gentillesse. Même dans les mondes et les vies les plus difficiles, il y a au moins une personne qui, à un moment ou à un autre, fait preuve de gentillesse. Si nous avons de la chance, il y a plusieurs personnes tout au long de notre vie. Essayez de vous souvenir des moments où quelqu'un a fait preuve de gentillesse à votre égard. Souvenez-vous des mots qu'elle a prononcés, des gestes qu'elle a faits, des expressions de son visage et de tout ce qui a fait partie de cet acte de gentillesse. Pendant que vous vous remémorez ce moment, notez comment votre corps réagit à ce souvenir - tout ce que vous voyez, entendez et ressentez. C'est un peu comme si vous vous étiez transporté dans le temps jusqu'à ce moment précis. Maintenant, comparez ce que vous avez ressenti à ce moment-là avec ce que vous ressentez aujourd'hui en vous remémorant cette expérience. Si des souvenirs négatifs surgissent à la suite de cette remémoration, essayez de les placer dans un dossier imaginaire et concentrez-vous uniquement sur le souvenir de l'acte de gentillesse. À la fin de l'exercice, notez comment vous vous sentez maintenant, comment votre corps se sent et comment vous vous sentez par rapport à votre environnement. C'est un excellent moyen de vous calmer et de vous rappeler que tout le monde ne vous veut pas du bien. Vous n'avez pas besoin de vous sentir stressé par toutes les personnes avec lesquelles vous êtes en contact ; il y a des personnes gentilles qui sont prêtes à l'être avec vous.

- **4:** Comme au début de la plupart de ces exercices, commencez par prendre note de votre environnement et de vos sentiments et émotions en général. Ensuite, essayez de vous souvenir, au cours des dernières 24 heures (ou plus longtemps si nécessaire), du moment où vous vous êtes senti pour la dernière fois vraiment vous-même ou la personne que vous voulez être. Rappelez-vous ce moment avec autant de détails que possible, presque comme si vous le reviviez. Notez ce que vous avez ressenti à ce moment-là et ce qui s'est passé avec vos cinq sens. Ensuite, rappelez-vous le dernier moment où vous vous êtes senti le plus proche de vous-même ou de la personne que vous souhaitez devenir, mais cette fois-ci, au cours des dernières semaines. Essayez à nouveau de vous rappeler le plus de détails possible, comme si vous reviviez l'événement, et notez ce que votre corps a ressenti à ce moment-là. Puis, comme d'habitude, à la fin de l'exercice, voyez comment vous vous sentez par rapport à votre environnement, à vos sentiments généraux et à vos émotions, par rapport à ce que vous ressentiez au début de l'exercice. Cet exercice est bon pour vous ramener à vous-même, loin de toute la confusion et de la folie que vous ressentez parfois dans le monde.
- **5:** Cet exercice implique de faire quelques bruits vocaux, il peut donc être judicieux de se rendre dans un endroit où l'on est vraiment seul avant d'effectuer cet exercice. Comme toujours, commencez par prendre conscience de votre environnement et de vos émotions et sentiments généraux. Ensuite, réfléchissez au type de

son que produit une corne de brume. Respirez profondément et essayez d'émettre le son d'une corne de brume. Le son doit être suffisamment grave pour que vous le sentiez se répercuter sur votre corps. Voyez jusqu'où vous pouvez le sentir dans votre corps - peut-être même jusqu'au bas de votre ventre et peut-être jusqu'à vos cuisses. Lorsque vous sentez que le son se termine (il est souvent décrit comme le son "voo"), laissez votre prochaine respiration se produire naturellement. Vous pouvez prendre votre temps ; il n'est pas nécessaire de précipiter la respiration. Si vous vous sentez réconforté et en harmonie, restez sur cette sensation. Si c'est votre cas, revenez à l'un des autres exercices pour retrouver votre sentiment d'harmonie. Si le son de la corne de brume vous a réconforté, essayez-le à nouveau. Vous sentez-vous encore plus réconforté et en harmonie ? Je ne vous conseille pas de répéter le son plus de trois fois. Comme à la fin des autres exercices, comment vous sentez-vous maintenant ? Comparez avec ce que vous ressentiez au début de l'exercice. Il s'agit d'un excellent exercice pour aider le corps à se stabiliser. La réverbération du son autour de votre corps peut aider les muscles à se détendre et à relâcher toute tension.

3
LE POUVOIR DE GUÉRISON DE LA RESPIRATION - LE TRAVAIL RESPIRATOIRE SYMPTOMATIQUE

Nous considérons tous que respirer va de soi. Il se trouve que nous n'avons pas besoin d'y penser, mais cela fait partie du problème. Nous ne respirons pas aussi profondément que nous le devrions ; nos diaphragmes se crispent et ne sont pas détendus. En nous concentrant sur notre respiration, nous prenons soin de nous physiquement et mentalement. Nous pouvons contrôler notre respiration ; nous respirons au rythme que nous choisissons. Lorsque nous respirons, nous avons également l'occasion de prendre conscience de notre corps et de ses sensations.

On pense que la respiration a un impact significatif sur la pression artérielle, le rythme cardiaque et la capacité des artères à laisser passer le sang. Il n'est donc pas étonnant que notre respiration soit l'une des premières choses à se dérégler lorsque nous sommes anxieux ou stressés. On pense également que le fait de respirer profondément permet d'être de bien meilleure humeur. Des personnes ont également indiqué qu'elles dormaient mieux et se réveillaient moins souvent la nuit. Cela dépend toutefois des résultats : une minute par-ci par-là aura beaucoup moins d'impact que 30 minutes de respiration profonde jour après jour. Les résultats concernant la baisse de la tension artérielle étaient encore probants un mois plus tard pour ceux qui ont pu rester fidèles au programme. C'est peut-être une question de bon sens, mais respirer plus d'oxygène fait circuler l'oxygène dans les cellules sanguines et les tissus nerveux. Pour les personnes qui ont pratiqué la respiration profonde, il a été rapporté que l'utilisation de l'oxygène a augmenté de 37 % (Hadley, 2017). Une étude de 2017 a également révélé que la pression artérielle des personnes souffrant d'hypertension diminuait grâce à la respiration profonde (Janet & Gowri, 2017). Une étude de 2019 a étayé la théorie selon laquelle la respiration lente et profonde était un meilleur outil pour lutter contre l'insomnie que l'hypnose ou certaines options pharmaceutiques (Jerath et al., 2019).

Comme toute thérapie somatique, la respiration somatique consiste à prendre conscience de notre corps et de son fonctionnement. Il s'agit de prêter attention à la sensation de l'estomac et du ventre qui se contractent à l'inspiration et à l'expiration, ainsi qu'à la zone des côtes et à la poitrine pendant la respiration. Grâce à la respiration somatique, vous devenez également beaucoup plus conscient de votre mâchoire, de votre gorge, de votre diaphragme et de vos épaules dans le mouvement de la respiration. Si nous nous concentrons sur notre respiration et sur ce que fait notre corps, nous cessons de laisser notre esprit s'emballer avec toutes ses préoccupations et ses soucis. Nous commençons à vivre véritablement le moment présent et nous nous arrêtons pour sentir les roses - ou respirer leur arôme.

Vous pouvez pratiquer la respiration somatique en position assise ou allongée sur le dos. Vous êtes conscient des respirations que vous faites. Ce n'est pas la même chose que la respiration involontaire habituelle, qui se produit sans que l'on y pense. Il n'y a pas de pause entre l'inspiration et l'expiration, et la respiration peut se faire par le nez ou par la bouche. Ce type de respiration devrait vous permettre de relâcher une partie de la tension physique qui vous habite. Lorsque vous apprenez à respirer en utilisant votre diaphragme et à vous détendre lorsque vous expirez, vous avez la possibilité de libérer des sentiments et des émotions beaucoup plus profonds. Je reviendrai sur la respiration diaphragmatique plus loin dans ce chapitre.

Bien que la respiration somatique puisse être utile aux personnes souffrant de SSPT, la respiration peut être l'un des éléments qui déclenchent les symptômes du SSPT. Si vous souffrez d'un SSPT et que vous envisagez de vous initier à la respiration, vous devez faire preuve d'une grande prudence et vous rappeler que c'est à vos risques et périls et que vous êtes responsable de votre santé et de votre bien-être. Si vous avez le moindre doute, vous devriez demander l'aide d'un professionnel de la santé.

Voici un exercice de respiration simple à suivre :

- Respirez normalement. Vous devriez vous rendre compte que vous voulez prendre une respiration plus profonde, comme lorsque vous soupirez.
- Expirez. L'expiration doit durer de six à huit secondes et être presque complète.
- Restez immobile doucement en retenant votre souffle.
- À ce stade, concentrez-vous sur ce que vous ressentez lorsque vous avez besoin de reprendre votre souffle. Quelle est cette sensation physique, et où vous la ressentez dans votre corps. Attardez-vous un instant sur ces sensations et ces sentiments.
- Plus vous vous intéressez à ces sentiments et à ces sensations, plus vous vous apercevrez que vous pouvez retenir votre souffle.
- Une fois que le besoin d'inspirer à nouveau devient évident, notez la sensation qu'il procure et notez que vous pouvez y céder ou continuer à retenir votre souffle pendant quelques secondes supplémentaires. Inspirez à nouveau lorsque vous le souhaitez. Ainsi, c'est vous qui contrôlez votre respiration, et non votre subconscient.
- Répétez cet exercice pendant cinq minutes.

Vous avez peut-être déjà entendu parler du diaphragme, mais

vous n'y prêtez probablement jamais attention et vous ne savez pas précisément où et comment il se situe. Le diaphragme est un muscle important qui se trouve juste en dessous des poumons et qui contribue à faire entrer l'air dans les poumons et à l'en faire sortir. En fait, le diaphragme est utilisé dans 80 % de la respiration. La respiration est beaucoup plus efficace lorsque le diaphragme est utilisé que lorsque d'autres muscles sont utilisés (Exercices de respiration diaphragmatique, n.d.). Lorsqu'une personne inspire, le diaphragme se rétrécit et se dirige vers le bas, tandis que lorsqu'une personne expire, le diaphragme se relâche et se dirige vers le haut, aidant ainsi à expulser l'air des poumons. Si l'on considère que l'homme moyen respire 23 000 fois par jour, soit huit millions par an, on comprend l'importance du diaphragme en tant que muscle (Diaphragmatic Breathing : Everything, n.d.).

Lorsque nous respirons sans réfléchir, nous n'utilisons que rarement la pleine capacité des poumons et nous parlons alors de respiration superficielle. En revanche, la respiration diaphragmatique utilise la respiration profonde pour exploiter pleinement cette capacité. On l'appelle aussi parfois "respiration ventrale". En effet, elle utilise pleinement l'estomac et les muscles abdominaux ainsi que le diaphragme à chaque respiration. Il s'agit de déplacer consciemment le diaphragme vers le bas lors de l'inspiration, ce qui permet aux poumons de se remplir d'air de manière beaucoup plus efficace. Une personne doit se rendre compte que son estomac bouge de haut en bas ; elle doit sentir son estomac se resserrer et se détendre plutôt que de le sentir dans sa poitrine et ses épaules comme c'est le cas avec une respiration superficielle.

Si vous voulez vérifier si vous avez tendance à respirer avec votre diaphragme ou votre poitrine, placez votre main droite sur votre poitrine et votre main gauche sur votre estomac et respirez. Si votre main droite se lève en premier, vous utilisez votre poitrine pour respirer. Si votre main gauche se lève en premier, vous utilisez votre diaphragme. J'ai remarqué que lorsque je suis penché sur mon ordinateur portable à la maison et que je m'arrête pour faire ce test, c'est ma main droite qui se lève en premier. Si je m'assois droit sur ma chaise, c'est la main gauche qui se lève en premier. Les médecins et les scientifiques s'inquiètent du temps que les gens passent assis dans de mauvaises positions. Elle entraîne des symptômes tels qu'un mal de dos et une respiration superficielle. Cela empêche le corps de recevoir suffisamment d'oxygène. Il n'est pas étonnant que j'aie tendance à être un peu étourdi au bout d'un moment lorsque je suis accroupi devant mon ordinateur.

Il suffit de pratiquer la respiration diaphragmatique pendant 10 minutes au maximum, idéalement trois ou quatre fois par jour. Vous devriez pouvoir trouver un moment à la maison pour vous allonger et pratiquer votre respiration. Essayez de trouver un endroit sans distractions, donc éloignez-vous de la télévision et laissez votre smartphone dans une autre pièce. Laissez votre partenaire, vos enfants ou vos animaux de compagnie dans une autre pièce. Vous voulez vous assurer que vous ne serez pas interrompu pendant que vous effectuez vos exercices de respiration. Comme pour toutes les techniques somatiques, vous devez vous concentrer sur ce que votre corps ressent lorsque vous faites l'expérience de la respiration.

Si vous le jugez utile, vous pouvez programmer une alarme pour savoir quand faire une pause et effectuer vos exercices. Il est souvent utile de se rappeler que l'on respire en permanence. Il ne s'agit donc pas de se mettre en quatre pour faire quelque chose ; vous le faites déjà, il vous suffit de vous concentrer et de le remarquer.

Il existe de nombreuses versions différentes de la respiration diaphragmatique, mais pour réaliser la version la plus élémentaire, vous devez procéder comme suit :

- Trouver une surface plane sur laquelle s'allonger. Je pense que pour la plupart des gens, il s'agit du sol. Placez un oreiller ou un coussin sous votre tête et sous vos genoux. Les oreillers et les coussins ne sont pas indispensables, mais si vous en avez, il est bon de les

- utiliser car ils vous aideront à maintenir votre corps dans une position aussi confortable que possible.
- Placez une main vers le haut de votre poitrine, dans la zone médiane. Posez l'autre main sur le ventre, juste en dessous de la cage thoracique mais au-dessus du diaphragme.
- Inspirez par les narines uniquement, en tirant l'air vers le bas et vers l'estomac. Le ventre doit remonter vers la main, tandis que les mouvements de la poitrine doivent être limités.
- Expirez par la bouche, sans l'ouvrir complètement. Gardez vos lèvres serrées l'une contre l'autre. Votre estomac doit se détendre et rentrer, et, là encore, votre poitrine ne doit pas bouger.

Comme toute nouvelle chose, la respiration diaphragmatique peut sembler étrange au début, ou donner l'impression d'être difficile. Cependant, comme pour toute chose dans la vie, plus vous vous entraînerez, plus cela deviendra facile. Vous pouvez compter chaque respiration dans votre tête. Parfois, cela peut aider une personne à se détendre davantage et à savoir combien de respirations elle a effectué. Cela peut également vous aider à ne pas vous laisser distraire trop facilement.

Lorsque vous aurez l'impression de maîtriser cette technique en position allongée, vous pourrez la pratiquer en position assise ou même debout. Vous avez ainsi plus de possibilités quant au moment et à l'endroit où vous pouvez le pratiquer. Cela signifie que vous pouvez même le faire lorsque vous êtes assis à votre bureau au travail, lorsque vous faites la queue, lorsque vous regardez la télévision, lorsque vous êtes assis dans un bus, ou toute situation que vous pouvez imaginer. Une fois que vous aurez réussi à vous entraîner à vous asseoir et à vous lever, un tout nouveau monde de possibilités et d'opportunités s'ouvrira à vous pour mener à bien votre pratique. Veillez à ce que votre tête, votre cou et vos épaules bougent le moins possible lorsque vous êtes assis ou debout. Ne soyez pas trop dur avec vous-même si les choses ne se passent pas tout à fait comme vous l'espériez ou si la respiration ne semble pas fonctionner. Il s'agit d'un entraînement. Plus vous le ferez et plus vous vous y habituerez, mieux vous vous sentirez et plus vous serez à l'aise. Personne d'autre ne vous jugera sur votre performance, alors ne vous jugez pas vous-même. Vous y arriverez avec beaucoup d'entraînement. Vous devez également continuer à le faire régulièrement. En ce qui concerne la respiration diaphragmatique, votre corps a la mémoire d'un poisson rouge et non d'un éléphant ; il ne se souviendra donc pas des exercices que vous avez effectués par le passé. Vous devez continuer à pratiquer régulièrement pour que la respiration diaphragmatique produise ses effets.

Pourquoi vouloir pratiquer la respiration diaphragmatique ? Tout d'abord, le diaphragme est un muscle, que vous renforcez donc rien qu'en faisant cet exercice. Ce seul aspect en vaut la peine, mais d'autres avantages ont été cités, notamment le renforcement de votre tronc et la réduction de votre fréquence cardiaque et de votre tension artérielle (Johnson, 2020).

L'avantage de la respiration diaphragmatique est que les preuves s'accumulent pour suggérer qu'elle peut contribuer à soulager le stress et l'anxiété. Une étude réalisée en 2017 a montré qu'elle réduisait les hormones de stress dans l'organisme, ce qui pourrait également réduire les sentiments de stress et d'anxiété chez une personne (Ma et al., 2017). Cette constatation a été renforcée par un examen des études et des preuves réalisé en 2019, qui a conclu que la respiration diaphragmatique peut être utilisée comme outil de réduction du stress (Hopper et al., 2019).

Cependant, supposons qu'une personne anxieuse essaie la respiration diaphragmatique et constate qu'elle ne fonctionne pas. Dans ce cas, elle risque d'être encore plus anxieuse, c'est pourquoi il faut toujours demander l'aide d'un professionnel de la santé avant de se lancer dans ce type d'exercices.

4

SE DONNER LES MOYENS DE COMPRENDRE LE SSPT ET LE TRAUMATISME DE L'ATTACHEMENT

Le syndrome de stress post-traumatique (SSPT) peut survenir chez des personnes ayant vécu un événement traumatisant ou en ayant tenu part. Le SSPT survient généralement lorsque les personnes ont été impliquées dans des événements vraiment terribles et pas seulement dans des événements traumatiques mineurs. Il est également juste de dire que ce n'est pas parce qu'une personne subit un traumatisme qu'elle développera un SSPT : Cela dépend de chaque individu. Les symptômes du SSPT peuvent inclure des flashbacks, une incapacité à penser à autre chose qu'à l'événement et une anxiété très importante. Ces symptômes se manifestent parfois dans le mois qui suit l'événement, parfois plusieurs années après.

L'état de stress post-traumatique complexe (ESPT) se définit par le fait qu'une personne souffrant d'ESPT présente des symptômes supplémentaires à la suite d'un événement traumatisant. Vous pouvez avoir du mal à maîtriser vos émotions ; vous pouvez être très en colère contre le monde ; vous pouvez avoir du mal à faire confiance à qui que ce soit ou à quoi que ce soit ; vous pouvez avoir l'impression qu'il vous manque quelque chose, que vous ne valez rien et que personne d'autre au monde ne peut vous comprendre ou comprendre ce que vous ressentez. Tout cela peut vous conduire à vous dissocier de vos relations ou de vos amitiés, et vous pouvez ressentir des douleurs physiques, notamment des maux de tête et des douleurs thoraciques. L'ESPT complexe comprend des flashbacks comme le SSPT, mais il s'agit de flashbacks plus émotionnels, de sorte que vous ne revivez pas seulement l'événement lui-même, mais aussi toutes les émotions que vous avez ressenties à ce moment-là. Vous manifestez alors ces sentiments dans le présent, même si le flash-back est à l'origine de ces émotions.

Le traumatisme de l'attachement qui survient tôt dans la vie d'un enfant, généralement à la suite d'une négligence ou d'une maltraitance, peut découler d'une séparation d'avec la personne qui s'occupe de lui en raison d'un problème médical ou d'un décès. Il n'est pas toujours vrai que le traumatisme de l'attachement renvoie immédiatement aux parents et que le traumatisme est de la faute des parents. Les traumatismes peuvent provenir de différentes directions et de différentes personnes, il faut donc en tenir compte. Comme nous ne pouvons pas nous rappeler des souvenirs antérieurs à l'âge de quatre ou cinq ans, nous pensons que nous ne pouvons pas nous souvenir des événements traumatisants. Cependant, notre cerveau et notre corps s'en souviennent même si notre mémoire ne le peut pas. Ces sentiments et ces émotions peuvent se manifester plus tard dans la vie. Le traumatisme se manifeste généralement par une peur des relations, un sentiment constant de honte ou l'impression que la personne n'est pas digne de l'amour de quelqu'un d'autre. Comme la personne ne se souvient pas des raisons de ce traumatisme, il peut être beaucoup plus difficile à traiter que d'autres traumatismes.

Comme je l'ai déjà mentionné, tout le monde ne développera pas un TSPT, un ESPT ou un traumatisme de l'attachement à la suite d'événements traumatisants. Certains souffriront de traumatismes mineurs, d'autres ne souffriront de rien du tout, mais on estime que 70 % des adultes américains ont subi un événement traumatique à un moment ou à un autre de leur vie (Eckelkamp, 2019). Le traumatisme n'est pas seulement quelque chose qui arrive à d'autres personnes ; nous sommes tous susceptibles d'y être confrontés au cours de notre vie. Même les traumatismes généraux doivent être pris en compte, faute de quoi ils peuvent entraîner des problèmes mentaux et physiques. Le traumatisme peut être défini comme tout ce qui nous bloque dans un schéma physique, émotionnel ou comportemental (Cutler, n.d.). Le traitement et la guérison du traumatisme finissent souvent par être interrompus ; par conséquent, le traumatisme reste stocké dans notre corps et nous ne le libérons jamais vraiment. Les traumatismes stockés peuvent souvent entraîner des douleurs physiques et l'angoisse psychologique qui les accompagne.

C'est là qu'interviennent la thérapie et la guérison somatiques. La respiration profonde, l'expérience somatique et le mouvement peuvent aider à soulager ce traumatisme bloqué dans votre corps en commençant à relâcher doucement et lentement la tension. Ces méthodes permettront peut-être à votre cerveau de traiter des choses que vous avez longtemps reléguées dans l "a corbeille" de votre cerveau.

C'est un triste cycle : le handicap et la maladie chronique peuvent causer des traumatismes à court et à long terme, mais ceux qui souffrent de traumatismes, s'ils ne sont pas traités correctement, finissent par développer des conditions et des symptômes physiques. Par conséquent, une personne qui développe une maladie chronique peut également en être traumatisée, ce qui, à son tour, si elle n'est pas en mesure d'évacuer ce traumatisme, peut l'amener à se sentir encore plus malade et à développer d'autres douleurs physiques.

Le diagnostic d'un handicap ou d'une maladie chronique peut être un événement très traumatisant. Toutes sortes de sentiments accablants sont susceptibles de traverser la personne, et parce que les gens commencent à parler du traitement ou des prochaines étapes, la personne n'a pas toujours la possibilité d'assimiler ce traumatisme. Il est inquiétant de constater qu'entre 12 et 25 % des personnes atteintes d'une maladie potentiellement mortelle développent ensuite un syndrome de stress post-traumatique (Virant,

2019). Il n'est pas surprenant que les personnes qui vivent ce type d'expérience développent souvent une peur des hôpitaux ou des médecins. Plus inquiétant encore, cette peur peut se transformer en une méfiance totale à l'égard des médecins et en un désir d'éviter tout rapport avec la maladie. Par exemple, la personne atteinte commence à "oublier" de prendre ses médicaments ou de se présenter à ses rendez-vous. Le handicap et la maladie chronique amènent souvent la personne à s'interroger sur sa place dans le monde et sur ce qu'elle a toujours cru être vrai. Elles les amènent à penser à la mort, à la vulnérabilité de chacun et à l'impuissance que nous croyons avoir. Il n'est pas surprenant que les personnes souffrant de maladies et de handicaps développent des traumatismes après avoir vécu des émotions et des expériences de ce type.

Comme je l'ai mentionné lorsque j'ai commencé à parler du syndrome de stress post-traumatique, les relations sont trop souvent l'un des aspects gravement touchés par les personnes souffrant d'un traumatisme. Il est compréhensible qu'une personne souffrant d'un traumatisme ait du mal à nouer des relations durables. Elle peut avoir l'impression que le danger est à chaque coin de rue, et faire confiance à de nouveaux amis ou à d'anciens amis peut devenir exceptionnellement difficile. La colère qu'une personne peut ressentir en perdant le contrôle de la vie qu'elle croit avoir perdue ou l'impuissance qu'elle ressent peut être liée à une maladie chronique. La personne peut alors s'en prendre à ses proches. La personne se sent menacée par tout le monde, ce qui l'amène à s'en prendre à ses proches et à préférer un mécanisme de défense. Ils ne pourront pas vous blesser si vous les blessez d'abord.

Selon le type de traumatisme et l'expérience vécue, la personne peut éprouver des sentiments de honte, avoir l'impression de ne pas être digne de l'amour d'autrui ou de ne pas être aimable du tout. Elle peut même se sentir coupable de ce qui s'est passé, pensant que ce qui se passe est de sa faute ou qu'elle l'a mérité, au lieu de réaliser que la faute incombe à l'auteur de l'événement. Après avoir vécu de tels événements traumatisants, la personne pense que personne d'autre ne peut la comprendre, elle supporte donc le fardeau seule et ne partage plus rien avec ses proches. Bien que les récits suivants soient fictifs, je m'apprête à les utiliser comme exemples. Je ne doute pas que les auteurs ont fait des recherches approfondies sur les survivants de traumatismes afin de s'assurer que leurs personnages se comportaient de manière authentique. Le premier exemple est une intrigue tirée d'une série dramatique moderne très populaire. Dans l'un de ces exemples, le personnage de June s'est finalement échappé de Gilead, où elle a vécu toutes ses expériences traumatisantes, pour se réfugier au Canada. Elle semble assez incapable de partager ses expériences avec qui que ce soit. Toutefois, la personne avec laquelle elle semble définitivement incapable de partager ses événements est son mari, qui se trouvait au Canada pendant qu'elle était à Gilead (Miller et al., 2017-aujourd'hui). Un autre exemple est tiré d'un célèbre feuilleton australien, où l'un des personnages, Marilyn, vit un événement traumatique partagé avec d'autres personnages, mais pas avec son mari. À la suite de cet événement, elle a l'impression que la seule personne à qui elle peut en parler est l'un des autres personnages qui a vécu la même chose. Elle s'éloigne de plus en plus de son mari, qui, selon elle, ne peut pas comprendre ce qu'elle a vécu ou ce qu'elle ressent, ce qui aboutit finalement à un divorce - bien que ce ne soit pas la seule raison pour laquelle ils divorcent (Holmes & McGauran, 1988-aujourd'hui). Ces deux exemples fictifs mettent bien en évidence le type de sentiments et d'émotions qu'une personne ayant subi un traumatisme peut manifester. Ils suggèrent l'impact que peut avoir le traumatisme sur les relations avec les personnes les plus proches.

En outre, la personne qui a subi un traumatisme peut finir par s'isoler. Malheureusement, dans le climat de pandémie actuel, c'est quelque chose que nous faisons tous. Toutefois, les personnes qui ont subi un traumatisme le font délibérément, en mettant de la distance entre leur partenaire, leurs amis, leur famille et leurs collègues, voire en s'éloignant de la vie elle-même. Elles vivent un détachement et peuvent n'éprouver aucun sentiment à l'égard de quoi que ce soit, devenant presque insensibles à tout ce qui les entoure. Certaines personnes peuvent devenir très anxieuses et présenter des symptômes de traumatisme chaque fois qu'elles risquent d'être rejetées, par exemple par un partenaire potentiel. D'autres peuvent aller dans le sens inverse et devenir entièrement dépendantes de quelqu'un ou surprotéger leurs proches. S'il s'agit d'enfants, cela peut commencer à avoir un impact sur leur vie, car ils ne sont pas autorisés à faire quoi que ce soit qui puisse les mettre en danger, même de façon minime. Cela concerne à peu près tout et n'importe quoi. Se lever le matin est un risque. Il n'y a rien dans la vie où il n'y a pas de risque, et cela peut donc devenir problématique si le traumatisme d'un parent se manifeste de cette manière. Certaines personnes peuvent trouver extrêmement difficile d'avoir une quelconque relation physique, de s'engager dans des relations intimes ou de trouver les relations sexuelles satisfaisantes. Tous les sentiments, émotions et comportements que j'ai décrits peuvent être déconcertants et bouleversants, mais ce sont des choses normales à penser et à ressentir si vous avez subi un traumatisme. Vous ne devez pas vous braquer davantage. Vous ne devez pas vous sentir plus mal dans votre peau parce que vous n'arrivez pas à faire fonctionner votre relation après avoir subi un traumatisme.

LA LUTTE, LA FUITE, L'IMMOBILISATION OU LA RÉACTION DE SOUMISSION

Les réactions de lutte, de fuite, d'immobilisation ou de soumission sont les réactions que nous avons lorsque nous sommes confrontés à ce que nous pensons être une menace ou un danger pour nous. Nous le faisons automatiquement et inconsciemment, sans même y penser. La fuite, l'évasion et l'immobilisation sont des réactions bien connues, mais la soumission est également une réaction possible.

La fuite est notre désir de nous enfuir ou de fuir la situation qui nous met en danger. Il s'agit d'une réaction tout à fait acceptable, qui n'a rien de lâche, contrairement à ce que peuvent penser certaines personnes qui se veulent courageuses. Après tout, si vous êtes coincé dans un immeuble en flammes, la meilleure réaction est de vous enfuir. Les signes indiquant que vous êtes en mode de fuite sont les suivants :

- Vos jambes sont très agitées.
- Les doigts, les orteils, les oreilles et le nez (ou toute combinaison de ces éléments) s'engourdissent.
- Les yeux bougent beaucoup ou sont dilatés.
- Les muscles et le corps se tendent.
- Vous vous sentez prisonnier et piégé.

La lutte est exactement ce qu'elle suggère : Il s'agit d'une réponse agressive à la situation. Voici quelques indices qui montrent que vous êtes peut-être en mode "lutte" :

- Vous éclatez en sanglots.
- Vous avez une envie irrésistible de frapper quelque chose ou quelqu'un.
- Vous grincez des dents ou vous sentez votre mâchoire se contracter.
- Vous avez envie de taper du pied ou de donner un coup de pied à quelque chose ou à quelqu'un.
- Vous ressentez une colère profonde et brûlante.
- Vous imaginez la possibilité de faire du mal à quelqu'un, peut-être même à vous-même.
- Vous ressentez une douleur ou une sensation de brûlure au creux de l'estomac.

Le mode lutte signifie que vous attaquez généralement la source du danger. Cette réaction peut être très bénéfique, sauf si la source que vous attaquez est capable de vous causer beaucoup plus de dégâts que vous n'en causez à elle.

La réaction d'immobilisation s'explique le mieux par le fait que l'on devient incapable de faire quoi que ce soit face à un danger et que l'on s'immobilise littéralement. C'est comme l'expression "un lapin pris dans les phares". Lorsqu'un lapin se trouve au milieu de l'autoroute et qu'il voit une voiture arriver vers lui, il se fige et la voiture fait un écart pour l'éviter ou, malheureusement, le percute. Cela vous est peut-être déjà arrivé : Je sais que cela m'est arrivé. Je suis entré sur la route sans faire attention, et lorsque j'ai vu la voiture arriver vers moi au lieu de sortir de la route en courant, je me suis figé, et je n'ai survécu que parce que le conducteur a freiné à temps. Voici quelques signes indiquant que vous êtes en train de vous immobiliser :

- Votre corps est froid.
- Votre corps est engourdi.
- Vous devenez très blanc, surtout au niveau du visage.
- Les jambes sont de plomb et il est difficile de bouger le corps.
- Vous vous sentez très nerveux et anxieux.
- Votre rythme cardiaque diminue et vous pouvez le sentir battre.

Mais qu'en est-il de la réaction de soumission ? Il s'agit d'une réaction beaucoup moins connue. Elle consiste à entreprendre ou à faire n'importe quoi pour apaiser la situation. Cette réaction peut être particulièrement fréquente chez les personnes qui ont subi des traumatismes dans leur enfance. Il y avait probablement quelqu'un dans leur vie à qui ils feraient ou diraient n'importe quoi juste pour éviter un scénario traumatisant s'ils ne faisaient rien. Ce type de réaction est souvent reproduit à l'âge adulte, et la personne peut se retrouver dans des relations et des situations malsaines.

La réponse de soumission se produisant souvent dès l'enfance, il peut être difficile pour une personne de reconnaître ce qui se passe à l'âge adulte. Il s'agit donc d'une réaction par défaut aux situations dangereuses. Cependant, il existe des signaux d'alerte que vous (ou quelqu'un) pouvez manifester avec la réponse de soumission :

- Pour savoir comment vous vous sentez dans une relation ou une situation, vous devez voir comment les autres se sentent.
- Même lorsque vous êtes seul, vous avez du mal à comprendre ce que vous ressentez.
- Vous avez l'impression de ne pas avoir de personnalité, de caractère ou d'identité propre.
- Vous essayez toujours de satisfaire les autres dans la vie au lieu de vous concentrer sur vous en premier.
- En cas de conflit, votre première action est d'essayer de plaire ou de céder à la personne en colère ou fâchée.
- Vous ne tenez pas compte de vos propres croyances ou opinions et n'acceptez que les opinions de ceux qui vous entourent comme étant vraies.
- Vous pouvez avoir les réactions émotionnelles étranges à des choses qui, à première vue, n'ont pas d'importance. Par exemple, vous pouvez vous mettre en colère face à un inconnu ou vous sentir soudainement triste, ce qui peut se produire à n'importe quel moment de la journée.
- Vous vous sentez coupable et en colère contre vous-même la plupart du temps.
- Vous avez du mal à dire "non" à qui que ce soit.
- Tout peut devenir trop pesant pour vous, mais vous pouvez toujours en faire plus si on vous le demande.
- Il n'est pas facile de définir des limites et vous trouvez que l'on profite souvent de vous dans une relation.
- Vous n'êtes pas heureux, incertain ou même effrayé lorsqu'on vous demande de donner votre propre avis.

Les personnes souffrant d'un SSPT, d'un ESPT ou d'un traumatisme de l'attachement se sentent déjà coupables et récriminées, ce qui ne peut qu'empirer si la réponse par défaut au danger est une réponse de soumission. C'est l'une des nombreuses raisons pour lesquelles il est essentiel d'apprendre pourquoi ces réactions se produisent et ce que nous pouvons faire pour les désactiver.

On parle également d'une cinquième réaction connue sous le nom de "flop". Il s'agit d'une personne qui ne réagit plus du tout à la situation et qui peut même perdre conscience. Le terme vient de la façon dont le corps tombe comme une poupée de chiffon.

Toutes ces réactions sont parfaitement naturelles, et les gens manifestent des réactions différentes à des moments différents. Cependant, elles peuvent devenir préoccupantes lorsque nous percevons des menaces là où il n'y en a pas, ou lorsque nous réagissons de manière erronée à la situation. Ces types de problèmes surviennent généralement lorsque nous sommes bloqués dans ces réactions à cause d'un traumatisme passé que nous avons subi. Pour nous libérer de ces réactions bloquées, nous devons prendre conscience de la manière dont nous pouvons nous sentir en sécurité, réconfortés et sans tension dans notre corps. Nous devons utiliser des exercices qui nous permettent de nous libérer en toute sécurité de certains de ces traumatismes, ce qui devrait se traduire par une moindre dépendance à l'égard de nos réactions de lutte, de fuite, d'immobilisation ou de soumission.

Peter Levine a fondé sa théorie et son travail sur l'expérience somatique en observant des animaux dans la nature. Bien qu'ils soient constamment en danger face à des prédateurs, qu'ils soient poursuivis par des prédateurs et qu'ils soient parfois momentanément capturés mais qu'ils s'échappent, les animaux ne souffrent d'aucun traumatisme. Ils poursuivaient leur vie comme ils l'avaient toujours fait. Levine a remarqué qu'après un tel épisode, les animaux avaient tendance à trembler, ce qui l'a amené à penser que les animaux sauvages étaient capables de "se débarrasser" de leur traumatisme, alors que les humains avaient perdu cette capacité. Comme les humains ont perdu la capacité de se débarrasser de leur traumatisme, celui-ci peut rester bloqué dans le corps et ce n'est qu'avec l'aide de la thérapie somatique qu'il peut être libéré doucement et avec précaution (Osadchey, 2018).

Je vous fournirai un exercice très simple à suivre afin que vous puissiez arrêter ces réactions de lutte ou de fuite et rester calme et rationnel. Il s'agit d'un simple exercice d'ancrage et, comme tous les exercices de guérison somatique, il agit du corps vers le cerveau et non l'inverse. C'est logique, car nous ne pouvons pas nous sortir par la pensée de ces situations ou de l'anxiété, mais nous pouvons amener notre corps à se détendre, à être calme et à dire à notre cerveau que tout va bien.

EXERCICE D'ANCRAGE

Comme le passage en mode lutte ou fuite peut vous donner l'impression d'être presque détaché de votre corps ou que celui-ci est incapable de faire ce que vous voulez qu'il fasse, un moyen de revenir à un état moins anxieux est de réunir votre cerveau et votre corps. L'un des moyens d'y parvenir est de mettre quelque chose de chaud ou de froid contre votre corps. Évidemment, veillez à ne pas vous bruler ou à ne pas vous infliger d'engelures. Si vous mettez quelque chose de légèrement chaud ou froid sur votre corps, cela devrait vous permettre de retrouver votre corps et de laisser votre cerveau se concentrer sur les sensations que vous ressentez plutôt que sur de faux dangers ou des dangers imminents.

TRAUMATISME DE L'ATTACHEMENT

J'ai brièvement mentionné le traumatisme de l'attachement au début de ce chapitre, et je vais maintenant l'aborder de manière beaucoup plus détaillée dans cette section.

Un traumatisme de l'attachement se produit lorsqu'il y a une interruption des processus normaux d'attachement entre un bébé ou un enfant et les personnes qui s'occupent de lui, qu'il s'agisse d'un parent ou d'un autre tuteur. Cela peut résulter d'une maltraitance ou d'une négligence, mais aussi d'un manque général d'affection ou d'un abandon qui n'est pas imputable à la personne qui s'occupe de l'enfant.

La psychologie identifie quatre principaux styles d'attachement qu'un enfant peut expérimenter au début de sa vie avec la personne qui s'occupe de lui. En fonction de ces styles, ils affecteront probablement l'enfant lorsqu'il sera devenu adulte :

- **1: La Sécurité:** Les personnes qui se sentent en sécurité ont grandi auprès de personnes attentives, aimantes et sensibles aux besoins de leur enfant. Si une personne obtient un attachement de sécurité, il est probable qu'elle se sente à l'aise pour montrer et exprimer ses émotions, qu'elle ait confiance en elle dans ses relations et qu'elle soit capable de faire face à des situations difficiles et à des sentiments malheureux d'une manière saine.
- **2: L'Évitement:** L'attachement évitant se produit lorsque la personne qui s'occupe de l'enfant ne répond pas ou n'est pas sensible à l'enfant lorsqu'il est blessé ou angoissé. Les enfants qui connaissent ce type d'attachement risquent de grandir en ne montrant pas leurs émotions et de ne pas se tourner vers la personne qui s'occupe d'eux pour obtenir de l'assurance et du réconfort. À l'âge adulte, ils risquent d'être distants dans leurs relations et de ne pas être capables de montrer ou de parler de leurs émotions.
- **3: La Résistance:** Un attachement résistant se développera si la personne qui s'occupe de l'enfant n'est pas cohérente ou prévisible dans sa façon de réagir à l'angoisse ou à la contrariété de l'enfant. L'enfant peut avoir recours à des méthodes extrêmes pour obtenir la réponse appropriée de la personne qui s'occupe de lui. À l'âge adulte, ce type d'attachement peut se manifester sous la forme d'une personne très nécessiteuse et

accrochée dans une relation et qui n'est pas du tout sûre que son partenaire l'aime.

- **4: La Désorganisation:** Un attachement désorganisé se forme lorsque le comportement de la personne qui s'occupe de l'enfant est inhabituel ou, d'une certaine manière, effrayant. L'enfant ne sait pas quoi faire pour obtenir le réconfort et l'assurance dont il a besoin. À l'âge adulte, cela peut conduire à des relations pleines de conflits et de disputes.
- **5:** Le premier style d'attachement, la sécurité, permet aux enfants de se développer sainement et d'être plus susceptibles d'avoir des relations saines plus tard. Les autres styles entraîneront la formation d'un attachement incomplet et seront probablement à l'origine de relations malsaines et d'autres problèmes à l'âge adulte.

Lorsque les styles malsains se manifestent, il peut en résulter des événements traumatisants pour l'enfant. Bien sûr, il peut s'agir d'événements graves comme la maltraitance et la négligence extrême, mais il peut aussi s'agir de quelque chose d'aussi simple qu'un enfant qui se blesse et pleure parce que la personne qui s'occupe de lui l'ignore (que ce soit intentionnel ou non). Il peut en résulter un événement traumatisant pour l'enfant. Un incident rare dans la vie d'un enfant peut ne pas entraîner de traumatisme de l'attachement, mais s'il s'agit d'une tendance constante, cela peut entraîner un traumatisme durable à l'âge adulte.

Cependant, il n'est pas nécessaire que la personne qui s'occupe de l'enfant ait fait quoi que ce soit pour provoquer l'échec de l'attachement. La personne qui s'occupe de l'enfant peut malheureusement être décédée, le lien est rompu et l'attachement sécurisant ne peut pas se développer. Le traumatisme de l'attachement n'est pas toujours imputable à la personne qui s'occupe de l'enfant.

Une personne souffrant d'un traumatisme de l'attachement peut constater qu'elle est plus susceptible de souffrir de stress et d'anxiété, d'avoir des difficultés à exprimer ses émotions, d'avoir des troubles du sommeil, de s'isoler ou d'avoir des problèmes de santé mentale.

Si vous souffrez d'un traumatisme de l'attachement, je vais vous donner un exercice à suivre, mais soyez prudent. Cet exercice peut susciter des émotions et des sentiments puissants. Si vous pensez que c'est trop pour vous à ce stade, c'est tout à fait compréhensible ; vous devriez laisser cet exercice de côté jusqu'à ce que vous soyez prêt ou que vous consultiez un thérapeute professionnel.

EXERCICE SUR LE TRAUMATISME DE L'ATTACHEMENT

Tout d'abord, trouvez-vous un sol dur si vous le pouvez. Vous pouvez faire cet exercice sur de la moquette, mais c'est plus délicat. Une fois que vous avez trouvé le sol adéquat, enlevez vos chaussettes. Vous devez ensuite vous allonger à plat ventre sur le sol. Ensuite, réfléchissez à la manière dont vous pouvez avancer à partir de cette position. Vous ne pouvez pas vous mettre à quatre pattes et ramper. Non, vous devez trouver un moyen de vous déplacer tout en étant à plat ventre. Vous n'aviez pas fait cela depuis que vous êtes tout petit. C'est le but de l'exercice : vous faire penser et bouger de cette façon à nouveau. Cela peut donc faire remonter toutes les émotions de l'époque. Si vous n'êtes pas prêt pour cela, ce n'est pas pour vous. Il se peut que vous ressentiez une profonde tristesse et que vous ayez envie de pleurer. Il se peut que vous ressentiez de nombreuses émotions fortes en vous retrouvant dans cette position.

SURMONTER LA DOULEUR PHYSIQUE ET LA MALADIE

Si vous avez l'impression d'avoir toujours mal, d'avoir des muscles tendus ou des os douloureux, ce chapitre est peut-être fait pour vous. Vous avez tellement pris l'habitude d'avoir mal ou de ressentir des tensions musculaires que vous avez l'impression que cela fait presque partie de votre identité. La bonne nouvelle, c'est que la thérapie physique et somatique (officiellement appelée somatique) peut vous aider à apaiser cette douleur et à vous sentir à nouveau vous-même. Bien entendu, je dois préciser que la thérapie somatique n'est pas destinée à guérir n'importe quelle blessure physique. Si vous vous êtes cassé la jambe, vous devez consulter un médecin. La thérapie somatique ne guérira pas un os cassé ; en fait, vous risquez d'aggraver la situation. En revanche, si vous souffrez de douleurs musculaires et articulaires chroniques, c'est là que la thérapie somatique peut intervenir. Grâce à sa capacité à faire parler le corps au cerveau et vice versa, il est possible de soulager la douleur causée par les torsions et les blocages musculaires auxquels votre corps s'est habitué.

Voici quelques exercices qui devraient vraiment vous aider à améliorer votre mobilité et votre bien-être général si vous souffrez de douleurs chroniques ou de muscles tendus. Vous pouvez faire tous les mouvements de chaque étape 10 fois :

- **1:** Allongez-vous sur le dos, les genoux pliés et les bras le long du corps. Inspirez, poussez votre bassin légèrement vers le haut et expirez. Inspirez, poussez le bas du dos vers le bas et expirez.
- **2:** Allongez-vous sur le dos, les jambes étendues et les mains étendues sur le côté. Vous êtes en train de prendre la forme d'une étoile. Imaginez que vous pouvez allonger votre jambe droite. Inspirez en imaginant cela, puis expirez et détendez-vous. Faites de même avec votre bras gauche : Imaginez qu'il grandit ou que quelqu'un tire sur votre bras pour l'allonger. Faites de même avec la jambe gauche et enfin avec le bras droit.
- **3:** Allongez-vous sur le dos, les bras tendus latéralement, les genoux pliés, puis croisez une jambe sur l'autre. Inspirez. Ensuite, déplacez vos jambes vers la gauche. Veillez à ce que cette partie ne concerne que vos jambes - tout le corps restera au centre - et expirez. Changez de jambe et faites la même chose, en ramenant vos jambes vers la droite et en revenant au centre. Ensuite, faites la même chose mais avec votre bras droit pointant vers le haut et votre main gauche pointant vers le bas. Tout en bougeant les jambes, déplacez la tête vers la gauche et vice versa.
- **4:** Mettez-vous en position assise et faites pivoter votre tête et votre torse vers la gauche. Puis faites de même vers la droite. Maintenant, faites la même chose mais mettez votre main droite sur votre épaule gauche, et après avoir effectué la rotation, ramenez doucement votre tête au centre. Puis ramenez le tout au centre. Faites de même de l'autre côté.

L'AMNÉSIE SENSORIMOTRICE

L'amnésie sensorimotrice (AMS) est une expression introduite par le pionnier Thomas Hanna, un visionnaire dans le monde de la somatique (Warren, 2019). Elle décrit le modèle de comportement physique que les muscles de votre corps exécutent sans même que vous y pensiez, ce qui ne vous aide pas souvent. Par exemple, jour après jour, vous vous avachissez à votre bureau sur votre ordinateur portable. Les muscles de votre dos s'y habituent et s'adaptent en conséquence, de sorte que ce qui est mauvais pour vous devient normal pour votre corps, et vous ne faites rien pour y remédier parce que votre corps ne vous le demande pas. En fait, c'est souvent le contraire qui se produit. S'asseoir droit devient douloureux et s'avachir devient très confortable. Ce schéma peut alors conduire à une douleur physique chronique. Dans cet exemple, il est probable que vous finissiez par souffrir de graves douleurs dorsales, voire d'une bosse, et que vous soyez toujours recroquevillé, même lorsque vous vous tenez debout.

Dans le monde moderne, il est facile de développer une AMS. Nous sommes toujours avachis sur nos bureaux, dans nos fauteuils, dans nos voitures ou dans les transports publics. Nous ne bougeons pas autant que nous le devrions, et notre corps s'adapte en conséquence. Il ne se préoccupe plus de toutes les torsions, du mouvement et de la souplesse dont vous aviez besoin auparavant : Nos muscles se concentrent plutôt sur ce qu'ils doivent faire pour s'avachir et s'affaisser. À leur tour, les muscles peuvent se bloquer par habitude dans des positions indésirables, allant même jusqu'à tirer les os hors de leur place avec le temps.

L'AMS peut également se développer à la suite d'une blessure. Pendant que votre blessure guérit, elle affecte votre façon de bouger. C'est particulièrement vrai si vous vous blessez au pied - cela affecte votre façon de marcher. Une fois la blessure guérie, vous continuez à marcher de la même manière qu'au moment de la blessure. Cela vous nuit et votre corps a oublié comment vous vous déplaciez normalement. Un autre exemple serait une blessure telle qu'une torsion du bassin.

Si vous êtes atteint de AMS, vous remarquerez peut-être que votre corps est parfois hésitant dans ses mouvements ; il y a peut-être un léger tremblement ou une secousse des zones affectées, ou même un frémissement lorsque votre corps a relâché une partie de sa tension.

Vous pouvez faire un exercice très simple si vous pensez être atteint d' AMS et que vous souhaitez en avoir la confirmation. Je vous conseille, si en faisant cet exercice vous ressentez une douleur, d'y aller très doucement et de vous limiter à ce qui est acceptable pour vous ; n'essayez pas de forcer quoi que ce soit, car vous ne feriez que vous infliger des dommages supplémentaires. Il est bon de faire cet exercice lentement pour donner à votre cerveau la possibilité de comprendre ce que vous faites. Si vous faites les choses rapidement, la partie automatique de votre cerveau commencera à prendre le dessus.

Asseyez-vous, les bras le long du corps. Tournez la tête vers la gauche. Vous devrez regarder vers la gauche tout au long de l'exercice, alors assurez-vous que votre tour de tête se situe dans votre zone de confort et qu'il n'est pas trop douloureux ou trop tendu. Maintenant, vous allez regarder vers le plafond et déplacer votre épaule droite vers l'arrière de votre tête. Puis, relâchez lentement cette position et revenez à la position précédente. Vous pouvez faire de même de l'autre côté. Qu'avez-vous ressenti ? Un peu d'hésitation, de frissons ou de tremblements ? Si c'est le cas, vous êtes probablement atteint d'AMS.

Une pratique connue sous le nom de pandiculation peut contribuer à établir le lien entre le cerveau et les muscles et vous aider à soulager vos problèmes d'AMS.

LA PANDICULATION SOMATIQUE

La pandiculation peut sembler être le mot le plus compliqué du monde, mais il s'agit en fait d'un concept très simple. La pandiculation consiste à bouger intentionnellement (ou parfois inconsciemment) les muscles pour relier les mouvements à notre système nerveux. L'étirement matinal et le bâillement en sont un parfait exemple. Il s'agit d'un recalibrage de notre corps avec notre système nerveux afin de graver davantage les schémas de mouvement en nous. Nous le faisons souvent involontairement et inconsciemment au réveil, mais les pandiculations peuvent être effectuées volontairement à tout moment pour obtenir une myriade de résultats souhaités. Il existe d'innombrables vidéos de pandiculation somatique en ligne qui ciblent différents muscles pour différentes raisons. Cet acte peut être plus important que vous ne le pensez. Les mauvaises postures, les muscles tendus et les mouvements anarchiques peuvent devenir une habitude si nous ne pratiquons pas la pandiculation.

LA PANDICULATION S'EXPLIQUE LE MIEUX PAR LE FAIT QUE LE système nerveux déclenche notre alarme interne et dit au corps : "Prépare-toi à bouger !". Les êtres humains et tous les animaux dotés de vertèbres ont tendance à effectuer automatiquement une pandiculation lorsqu'ils se réveillent ou s'ils sont restés immobiles pendant une très longue période. Vous avez probablement remarqué qu'un bébé effectue cette pandiculation lorsqu'il se réveille, ou vous avez peut-être vu votre chat ou votre chien arquer le dos et s'étirer lorsqu'il s'est réveillé d'une sieste. Ce sont tous des exemples de pandiculation. En fait, on dit que les animaux pandiculent 40 fois par jour ("Pandiculation-the Safe Alternative to Stretching", 2010). On ne les voit pas tous affalés dans une mauvaise posture ou se tordant les chevilles simplement parce qu'ils ont dû aller chasser une souris ou attraper un bâton.

La pandiculation permet à notre système nerveux de connaître le niveau de tension de nos muscles et de réguler et réinitialiser cette tension musculaire afin que nous ne finissions pas par souffrir de douleurs musculaires à long terme. Il a été suggéré qu'un fœtus peut effectuer la pandiculation pendant qu'il est dans l'utérus, ce qui montre qu'il s'agit d'une action primitive et vitale (Warren, 2019).

Malheureusement, avec toutes les mauvaises habitudes et les modèles de comportement physique que nous adoptons si facilement dans le monde moderne, la pandiculation automatique n'est tout simplement pas suffisante pour nous débarrasser de toutes ces tensions musculaires. Parfois, si notre posture est désalignée, notre système nerveux peut tout simplement oublier de faire de la pandiculation.

Thomas Hanna a étudié la pandiculation en détail et s'est rendu compte que la pandiculation s'attaquait à la tension musculaire et à la plupart des causes sous-jacentes des problèmes de posture, de mouvement et de douleur chronique. Il a conçu des exercices que les gens pouvaient faire eux-mêmes, plutôt que de s'en remettre à la pandiculation automatique. En encourageant la pandiculation volontaire, il a fait en sorte que les gens soient beaucoup mieux équipés pour gérer leurs tensions musculaires et se libérer d'une grande partie de leur douleur. La pandiculation volontaire doit être effectuée très lentement et intentionnellement afin que le système nerveux assimile ce qui lui est dit et s'actualise en conséquence (Warren, 2019).

Tout exercice de pandiculation doit comporter trois aspects principaux :

- **1:** Contracter le muscle.
- **2:** Allonger lentement et intentionnellement le muscle.
- **3:** Détendez-vous en laissant votre cerveau et votre système nerveux comprendre ce que vous venez de faire.

Le psoas est un muscle extrêmement important du corps humain. Sans ce muscle, vous ne pourriez même pas vous lever le matin. C'est dire son importance. Le muscle psoas joue également un rôle dans la façon dont vous respirez. Il peut donc avoir un impact psychologique, et pas seulement physique. Quelle que soit votre activité - courir, faire du vélo, s'asseoir sur le canapé ou danser – votre muscle psoas est nécessaire et travaille pour vous permettre de faire ces choses. Le psoas est très important car c'est le muscle qui relie votre corps à vos jambes. Ces muscles sont également connus sous le nom de fléchisseurs de la hanche. Ils sont extrêmement importants pour votre posture et pour soutenir et réguler votre colonne vertébrale. Le muscle psoas étant également relié au diaphragme, il joue un rôle prépondérant dans la marche, la respiration et même la réaction à la peur et à l'excitation. En cas de stress, le muscle psoas se contracte. Il a donc un impact direct sur votre réaction de lutte ou de fuite. Si le stress persiste pendant de longues périodes, le muscle psoas est contracté pendant de longues périodes, ce qui entraîne une multitude de problèmes de santé. Cette même contraction peut se produire si vous restez assis pendant longtemps, si vous courez ou marchez trop, si vous vous endormez en position fœtale ou si vous faites un grand nombre de redressements assis.

Un muscle psoas tendu peut entraîner un grand nombre de problèmes de santé et de gênes, notamment des problèmes digestifs, de l'épuisement, des dysfonctionnements sexuels, des douleurs lombaires, des douleurs pelviennes (qui peuvent avoir un impact sur les pratiques sexuelles et l'appétit), une sciatique (qui peut provoquer des douleurs intolérables), boiter, avoir une différence de longueur entre les jambes, une courbure de la colonne vertébrale et une faiblesse de la colonne vertébrale.

Vous pensez peut-être qu'il suffit d'étirer le muscle psoas, mais celui-ci reçoit ses instructions du cerveau. Peu importe à quel point vous l'étirez, il fera ce que le cerveau lui demande, et si c'est de se contracter, alors il se contractera. Vous risquez donc de faire plus de mal que de bien en vous étirant. Le mieux que vous puissiez faire est de relâcher les muscles pendant un certain temps après l'étirement, mais peu de temps après, le cerveau réinitialisera le système nerveux et le muscle psoas reviendra à ce qu'il était avant l'étirement. Toute tension potentielle à long terme peut encore se produire.

Je vais vous donner deux exercices de pandiculation très

simples que vous pouvez facilement faire chez vous. Si vous avez des problèmes avec votre psoas, ces exercices vous aideront à relâcher cette tension et ce traumatisme et vous aideront à ouvrir votre vie à un monde sans douleur. (Remarque : si votre psoas ne se relâche pas ou se contracte à nouveau après les exercices de pandiculation, il se peut que vous souffriez d'une torsion du sacrum, également appelée torsion sacrée, d'une torsion du bassin ou d'un dysfonctionnement de l'articulation sacro-iliaque. Vous devez d'abord corriger une torsion du sacrum.

- **1:** Tout d'abord, allongez-vous sur le sol. Une surface plane est préférable à une moquette. Si vous disposez d'un tapis d'exercice, cela peut vous apporter un confort supplémentaire. Allongez-vous sur le dos, les genoux relevés et les pieds fermement posés sur le sol. Assurez-vous que vous pouvez facilement faire glisser votre pied et votre jambe sur le sol (la moquette n'est donc pas une bonne surface pour cela). Placez vos bras et vos mains derrière votre tête. Inspirez et cambrez-vous légèrement de façon à ce que votre bassin se rapproche du plafond et que votre dos se contracte ; puis expirez et détendez-vous.
- Puis, à l'expiration suivante, ramenez votre tête et votre dos vers l'avant et dirigez vos coudes vers votre jambe. Ensuite, ramenez l'une de vos jambes vers votre coude, puis revenez lentement à votre position initiale : La tête et le dos au sol, les coudes et les mains derrière la tête, le genou et la jambe au sol, le pied fermement ancré dans le sol.
- Ensuite, faites de même de l'autre côté. Inspirez et cambrez-vous très légèrement, puis expirez et détendez-vous ; à l'expiration suivante, ramenez l'autre genou vers les coudes, puis revenez lentement à la position initiale.
- Ensuite, faites le même exercice, mais lorsque vous reposez votre pied sur le sol, faites glisser votre jambe et

votre pied tout le long du sol et fléchissez vos orteils. Inspirez et expirez comme vous le souhaitez. Vous pouvez également varier légèrement l'exercice de manière à ce que votre jambe et votre pied soient courbés vers l'extérieur plutôt que droits, lorsque vous montez et redescendez la jambe. Vous pouvez répéter l'exercice plusieurs fois avec les deux jambes. Il sera intéressant de voir si vous remarquez une différence entre les deux côtés ; peut-être qu'un côté est moins tendu que l'autre. Quoi qu'il en soit, après avoir fait ces exercices pendant un certain temps, vous verrez que votre psoas n'est plus aussi tendu et que vous avez réussi à relâcher une partie de la tension de votre corps.

- **2:** Faites le même exercice, mais cette fois-ci, gardez les bras le long du corps lorsque vous levez le genou. Puis, lorsque vous faites glisser votre jambe vers l'extérieur, amenez votre bras au-dessus de votre tête depuis votre côté - comme si vous faisiez du dos crawlé lorsque vous nagez. Faites une brasse, placez votre bras au-dessus de votre tête et détendez-vous. Revenez en position, répétez l'exercice, puis faites de même de l'autre côté de votre corps. Si votre psoas est tendu, vous devriez le sentir le long de votre corps.

Il existe également des exercices simples à réaliser pour assurer la pandiculation de tous les groupes musculaires.

- Cet exercice vous permettra de faire travailler vos biceps. Vous pouvez le faire debout ou assis. Ramenez lentement votre avant-bras vers vous, comme si vous souleviez un haltère, puis laissez-le revenir lentement à sa position et détendez-vous. Si nécessaire, vous pouvez placer légèrement les deux premiers doigts de votre autre main sur votre bras afin d'y opposer une légère résistance, ce qui aidera votre cerveau et votre système

- J' ai vraiment un problème pour pousser constamment ma tête devant moi, en particulier lorsque je suis penché sur mon ordinateur portable. Voici un exercice qui peut aider à remédier à ce problème : Mettez-vous à genoux, cambrez-vous lentement, tirez lentement votre ventre et votre tête vers l'arrière, puis détendez-vous. Si vous avez besoin d'un peu de résistance, vous pouvez placer une main sous votre poitrine et une main sur votre ventre. Votre colonne vertébrale et l'avant de votre corps devraient se sentir plus en harmonie après avoir fait cet exercice. Plutôt que d'avoir la tête penchée vers l'avant, vous devriez être capable de vous redresser et d'avoir la tête bien posée sur le haut de votre corps, comme il se doit.

Ces exercices devraient vraiment vous aider à long terme, contrairement aux étirements. Vous effectuez une pandiculation sur vos muscles qui fera des merveilles pour vous. Avec un peu de chance, les jours de douleur interminable, de maque de souplesse ou de blocage dans vos mouvements seront révolus. Tout cela grâce à un exercice que vous pouvez facilement faire chez vous, gratuitement.

6

UN TRÉSOR DE PRATIQUES SOMATIQUES

Dans ce chapitre, je vais présenter quelques-unes des pratiques somatiques les plus puissantes. Il s'agit vraiment d'un chapitre qui renferme un trésor. Toutes ces années, c'était comme creuser pour trouver des diamants ou de l'or, sans succès - jusqu'à maintenant. Vous allez trouver ce trésor dont vous aviez besoin, votre pot d'or au bout de l'arc-en-ciel. Il s'agit de pratiques faciles à suivre, que vous pouvez mettre en œuvre dans votre propre temps et dans votre propre espace. Elles ne nécessitent pas d'équipement spécial ni de dépenses importantes pour pouvoir y participer. Mieux encore, ces pratiques sont étayées par de véritables preuves scientifiques. Je sais donc qu'elles fonctionnent ; bientôt, vous en ferez autant.

LA THÉORIE POLYVAGALE ET LE NERF VAGUE

La théorie polyvagale a été développée par Stephen Porges et nous aide à mieux comprendre notre système nerveux. Elle est née de son étude du nerf vague. Le nerf vague est impliqué dans l'élément calmant du système nerveux. Cet élément s'équilibre avec l'élément actif, de sorte que s'il y a plus de calme, moins d'activité est nécessaire. S'il y a plus d'activité, il faut moins de calme. La théorie polyvagale décrit un troisième élément, ce que Porges a appelé le "système d'engagement social" - une combinaison des aspects actifs et calmants (Wagner, 2016).

Comme son nom l'indique, c'est l'aspect de l'engagement social qui nous aide à progresser dans nos relations et à mieux gérer les conflits qui peuvent survenir.

Le système nerveux comporte deux éléments principaux lorsqu'il s'agit de se sentir en grand danger : l'élément qui gère notre réaction de lutte ou de fuite et l'élément qui gère l'arrêt complet (pensez à la méthode "flop" pour faire face au danger). Pour que le système d'engagement social s'enclenche, il faut qu'il y ait un sentiment de sécurité.

C'est le nerf vague qui aide à calmer le corps, et il comporte deux aspects principaux, qui se comportent de manière très différente. L'aspect "arrêt" se produit par l'intermédiaire d'une partie du nerf vague. Lorsque cet arrêt se produit, une personne se sent généralement très fatiguée, voire étourdie, un peu comme si elle avait la grippe. Cela peut affecter le cœur, les poumons, le diaphragme et le système digestif.

L'autre partie du nerf vague agit au-dessus du diaphragme. C'est la partie qui dessert le système d'engagement social. Cette partie du nerf aide à contrôler notre système nerveux. Par exemple, si vous laissez quelqu'un faire de l'escalade, vous lâchez la corde lentement pour qu'il puisse descendre en toute sécurité ; vous ne lâchez pas la corde d'un seul coup. C'est un peu ce que fait le nerf vague : il régule le système nerveux et l'empêche de devenir hyperactif. Alors que la réaction de lutte ou de fuite peut prendre quelques secondes et que la récupération peut prendre de 10 à 20 minutes, la réaction de calme du nerf vague ne prend que quelques millisecondes. Par conséquent, nous devrions être capables de calmer nos réactions de la même manière que l'on relâche lentement la corde pour qu'un grimpeur puisse contrôler son ascension le long de la paroi d'une falaise.

Un bon exemple d'engagement social en action est de se rendre dans le parc de son quartier et d'observer les chiens. Certains chiens sont agressifs envers leurs congénères ou s'enfuient, et leurs maîtres doivent les poursuivre – ce sont des chiens en mode lutte ou fuite. En revanche, si vous voyez des chiens qui jouent joyeusement, qui remuent la queue, qui veulent qu'on leur lance un bâton ou une balle et qui sautent amicalement sur leurs maîtres, ce sont des chiens qui se sentent en sécurité et qui utilisent le système de l'engagement social.

Si une personne a subi un traumatisme dont elle n'a pas réussi à se libérer, elle peut se retrouver à jamais dans un monde de lutte ou de fuite ; au lieu de vaquer joyeusement à ses activités quotidiennes avec son système d'engagement social parfaitement au point, tout devient une épreuve d'effroi et de peur.

Le nerf vague a un impact sur l'oreille moyenne, qui peut nous aider à nous concentrer sur les voix humaines et à éliminer tous les bruits de fond inutiles. Il a également un impact sur notre capacité à faire des expressions faciales, un autre élément essentiel de la communication. Enfin, il agit également sur nos cordes vocales et sur les bruits que nous pouvons faire les uns pour les autres, encore une fois pour communiquer de manière apaisante. Il s'agit du nerf le plus long du corps et si vous vous demandez comment il a été baptisé, c'est parce qu'en latin, *vagus* signifie "vagabond". Vous savez qu'il s'agit d'un long nerf puisqu'on l'appelle le nerf "vagabond".

En fin de compte, si nous pouvons trouver des moyens de réinitialiser ce nerf vague ou de l'exercer afin de nous sentir heureux, en sécurité et enjoués, alors la vie peut être bien meilleure pour nous.

EXERCICE N° 1

Le premier est un exercice très simple. Commencez par vous asseoir et déplacez lentement votre tête vers la gauche, revenez au centre, puis vers la droite. Y a-t-il une différence entre les deux côtés ? Trouvez-vous qu'il est plus difficile de bouger la tête d'un côté que de l'autre ? Lorsque j'ai découvert cet exercice pour la première fois, j'ai trouvé qu'il était légèrement plus difficile de bouger la tête du côté droit que du côté gauche. Ensuite, allongez-vous sur le dos, les genoux relevés et les pieds fermement posés sur le sol. Une fois que vous aurez acquis de l'expérience dans cet exercice, vous pourrez le faire assis ou même debout, mais il est préférable de vous allonger les premières fois. Placez vos mains derrière votre tête, les doigts entrecroisés et les coudes dirigés vers l'extérieur, de manière à tenir votre tête entre vos mains. Ensuite, déplacez vos yeux vers la droite - pas votre tête : juste vos yeux. Utilisez vos mains pour soutenir votre tête afin de ne pas la bouger. Vous ne bougez que vos yeux. Maintenez vos yeux dans cette position pendant 30 secondes. Ensuite, détendez-vous et laissez vos yeux revenir au milieu. Si vous remarquez que vous avez besoin de respirer ou que vous avez envie d'avaler, ce sont des réactions du nerf vague et des signes que l'exercice fonctionne.

Maintenant, faites de même de l'autre côté : Déplacez vos yeux vers la gauche, sans bouger la tête et en restant au centre, et maintenez vos yeux dans cette position pendant 30 secondes. Ensuite, détendez-vous et laissez vos yeux revenir au centre. Prenez un moment, puis revenez en position assise et bougez la tête d'un côté à l'autre pour voir si votre mobilité s'est améliorée. Soit dit en passant, 30 secondes est le temps minimum pour maintenir les yeux en position. Si vous n'obtenez aucun signe, comme une respiration profonde ou une déglutition, vous pouvez maintenir vos yeux en position pendant 60 secondes ou plus. Lorsque j'ai découvert cet exercice pour la première fois, j'ai eu un peu plus de mal à tourner la tête vers la droite. Une fois l'exercice réalisé, j'ai constaté que je pouvais bouger la tête sans restriction des deux côtés. Cet exercice fonctionne.

EXERCICE N° 2

Le deuxième exercice que vous pouvez faire est de vous asseoir. Que ce soit sur le sol ou sur une chaise, l'essentiel est que vous soyez à l'aise. Placez votre main droite sur le sommet de votre tête, puis penchez votre tête vers la droite. Bougez vos yeux et uniquement vos yeux. Maintenez cette position pendant 30 secondes. Vous pouvez ensuite vous détendre et reprendre votre position assise normale. Maintenant, vous allez faire la même chose, mais de l'autre côté. Posez votre main gauche sur votre tête et penchez votre tête vers la gauche. Déplacez vos yeux vers le haut et vers la droite. Maintenez la position pendant 30 secondes. Vous pouvez maintenir cette position plus longtemps si vous ne ressentez aucun effet.

EXERCICE N° 3

Pour le troisième exercice, mettez-vous à nouveau en position assise, prenez votre main droite et placez-la sur votre tête, en inclinant votre tête vers la droite. Cependant, cette fois, prenez votre main gauche et tendez-la vers votre côté droit. Ensuite, déplacez votre tête vers la droite et utilisez votre main gauche pour tirer votre côté. De nouveau, déplacez vos yeux uniquement vers le haut et vers la gauche, et maintenez la position pendant 30 secondes. Ensuite, relâchez la position et détendez-vous. Vous devriez vous sentir un peu plus calme après avoir effectué cet exercice. Faites l'autre côté : placez votre main gauche sur votre tête et penchez votre tête vers la gauche. Utilisez votre main droite pour atteindre votre côté gauche et tirez sur votre côté. Ensuite, levez les yeux vers le côté droit et maintenez la position pendant 30 secondes. Une fois de plus, relâchez cette position et détendez-vous.

EXERCICE N° 4

Pour l'exercice suivant, vous devez trouver un endroit confortable pour vous allonger. Si vous avez un tapis d'exercice ou de yoga, c'est probablement le mieux. Je trouve qu'il n'est pas très amusant de s'allonger à plat ventre sur un sol recouvert de moquette, car cela me rappelle que je dois sortir l'aspirateur ! Une fois prêt, vous allez vous mettre sur les coudes, les mains pointées devant vous et à plat sur le sol. Ensuite, vous allez vous tourner vers la gauche et regarder par-dessus votre épaule. Comme d'habitude, maintenez la position pendant 30 secondes. Relâchez cette position et détendez-vous ; allongez-vous sur le ventre si vous le souhaitez pendant quelques instants. Maintenant, faites la même chose mais regardez par-dessus votre épaule droite cette fois-ci. Maintenez la position pendant 30 secondes, puis relâchez-la et détendez-vous. Comme cet exercice sollicite les muscles du cou, il peut être très bénéfique pour les personnes qui ont des tensions dans cette zone et qui, par conséquent, souffrent de maux de tête et de migraines. Faites cet exercice et vous devriez relâcher une partie de la tension et être en mesure de soulager la douleur.

Croyez-le ou non, la respiration peut également avoir un impact sur le nerf vague et le nerf vague sur la respiration. C'est ce que l'on appelle le "tonus vagal", qui représente essentiellement l'activité du nerf vague (Fallis, 2021). Plus le tonus vagal est élevé, plus il est facile de revenir à un état de relaxation après un moment de stress. Si nous pouvons trouver un moyen d'activer notre nerf vagal et d'augmenter notre tonus vagal, nous devrions nous sentir moins stressés, moins anxieux et généralement plus heureux. Une étude réalisée en 2010 a montré que les personnes ayant un tonus vagal élevé étaient généralement positives dans leurs sentiments et avaient une bonne santé physique (Kok et al., 2013). Certaines études suggèrent même que si les mères sont anxieuses et stressées pendant la grossesse (ce qui leur donne un tonus vagal bas), cela se transmet au bébé lorsqu'il naît, et le bébé partage également un tonus vagal bas (Field & Diego, 2008). Il existe même un dispositif qui peut être implanté dans votre corps et qui active votre nerf vague de temps en temps, mais il s'agit là d'une méthode extrême. Une respiration lente et profonde peut activer le nerf vague et augmenter le tonus vagal.

C'est pourquoi, à ce stade, il serait bon de vous donner quelques exercices de respiration pour activer votre tonus vagal. Ces exercices ont tous des objectifs différents. Le premier est de vous permettre de vous détendre.

EXERCICE DE RESPIRATION N° 1

Vous pouvez commencer par vous asseoir et mettre vos bras autour de votre cage thoracique et de votre ventre, ou vous pouvez utiliser un oreiller que vous placerez devant vous. En fait, vous vous mettez en position d'étreinte. Inspirez ensuite jusqu'à ce que vous ayez une sensation de plénitude et maintenez cette position pendant quatre secondes ; ensuite, expirez plus longtemps que vous n'avez inspiré et maintenez cette position pendant six secondes. Si vous le souhaitez, vous pouvez vous étreindre un peu plus fort lorsque vous expirez, car c'est ce qui active le nerf vague. Vous pouvez ensuite transposer cet exercice au sol pour le rendre encore plus relaxant. Vous pouvez vous allonger sur le dos ou sur le ventre. Si vous êtes sur le dos, les genoux relevés et les pieds bien posés sur le sol, vous pouvez exercer une pression sur votre ventre et votre poitrine avec vos mains. Si vous êtes allongé sur le ventre, vous pouvez vous allonger et placer un oreiller ou un coussin sous votre ventre ou votre poitrine pour exercer une certaine pression.

Inspirez ensuite pendant six secondes et maintenez la respiration pendant quatre secondes. Voyez si vous pouvez sentir le rythme de votre cœur et utilisez-le pour compter jusqu'à quatre. Expirez pendant huit secondes, puis retenez cette durée pendant quatre secondes ; continuez à répéter. Si vous sentez que vous pouvez augmenter la durée de votre expiration, essayez de le faire. C'est la durée de l'expiration qui alerte réellement le nerf vague et vous amène à un lieu de relaxation. Une dernière chose que vous pouvez faire pour vous détendre encore plus est de vous allonger sur le dos, les genoux relevés et les pieds fermement posés sur le sol. Placez un objet sous vos fesses et le bas de votre dos. Cela permet de s'assurer que le bassin est plus haut que la tête. Lorsque le sang afflue trop vers la tête, le nerf vague est immédiatement alerté et commence à ralentir le rythme cardiaque et à vous détendre. Inspirez jusqu'à ce que vous vous sentiez rassasié. Avalez et expirez plus longtemps que vous n'avez inspiré. Ensuite, faites une pause jusqu'à ce que vous ressentiez le besoin d'inspirer à nouveau. Inspirez ensuite jusqu'à ce que vous vous sentiez rassasié. Avalez et expirez plus longtemps que vous n'avez inspiré. Faites une pause jusqu'à ce que vous ressentiez le besoin d'inspirer à nouveau. Répétez l'opération. Vous devriez ainsi entrer dans un état de relaxation profonde et de calme.

EXERCICE DE RESPIRATION N° 2

L'exercice suivant est un exercice agréable et facile que vous pouvez utiliser à tout moment et qui activera le nerf vague. Vocaliser des sons peut être très bénéfique - voilà pourquoi chanter vous fait généralement du bien. Le premier son à émettre est un "mmm". Respirez profondément - avec votre ventre, pas avec votre poitrine - et lorsque vous expirez, faites ce "mmm" aussi longtemps que vous le pouvez. Respirez à nouveau profondément et, lorsque vous expirez, faites cette fois-ci le son "ahhh". Inspirez profondément et, lorsque vous expirez, faites le son "ooh". Enfin, respirez profondément et faites les trois sons à la suite jusqu'à ce que vous soyez à bout de souffle : "mmm, ahhh, ooh". Produire ces sons est un très bon moyen d'activer le nerf vague dans les moments où vous vous sentez stressé.

LA MÉDITATION GUIDÉE

Je vais maintenant vous proposer une méditation guidée pour la stimulation du nerf vague. Comme tous les exercices de stimulation du nerf vague, cette méditation devrait vous aider à vous détendre, à vous sentir calme et à relâcher toute tension. Pour cela, vous devez vous asseoir confortablement.

- **1:** Veillez à respirer par le ventre et le diaphragme et à ne pas respirer superficiellement par la poitrine.
  Inspirez pendant six secondes et retenez votre souffle pendant quatre secondes.

- **2 :** Expirez pendant huit secondes et retenez votre souffle pendant quatre secondes.
- **3 :** Garder les répétitions.
- **4 :** La chose la plus importante à retenir est que l'expiration doit durer plus longtemps que l'inspiration. Même si vous êtes suffisamment détendu pour arrêter de compter, vous devez vous assurer que l'expiration est plus longue que l'inspiration. Cette longue expiration stimule le nerf vague, vous donne une sensation de calme et libère toute tension.
- **5 :** Vous pouvez arrêter de respirer, reprendre conscience de tout votre corps et, lorsque vous vous sentez prêt, vous pouvez ouvrir les yeux.

LA PENDULATION

La pendulation est un terme inventé par le roi de l'expérience somatique, Peter Levine. Comme vous pouvez probablement le deviner d'après son nom, il décrit quelque chose de similaire à un pendule, mais ce qui oscille, dans ce cas, ce sont vos sentiments, vos émotions et votre système nerveux. Vous oscillez entre un état de peur et de lutte ou de fuite et un état calme et détendu où votre nerf vague est stimulé et où votre tonus vagal est élevé. Si une personne peut apprendre à passer d'un état à l'autre, alors lorsqu'elle se trouve dans un état d'anxiété, de stress, de tension ou de douleur, elle peut apprendre à passer à l'autre état et avoir une chance de devenir plus détendue, plus paisible et plus à l'aise. Bien sûr, ce n'est jamais aussi simple. Parfois, tout ce que vous pouvez faire, c'est passer à un état moins douloureux ou moins anxieux, mais c'est toujours mieux que votre point de départ. Cela signifie également que vous pouvez le faire par petites touches lorsque vous vous rendez dans ces endroits sombres et inquiétants. Vous avez le contrôle, vous n'avez donc pas besoin de tout subir d'un seul coup. Vous pouvez y faire face et retourner ensuite dans votre espace de sécurité. Après tout, comment pouvez-vous vraiment savoir ce qu'est le bonheur si vous n'avez pas ressenti la tristesse ? Comment savoir ce qu'est le calme sans se sentir stressé ? Les deux états doivent exister, et nous devons comprendre et apprendre à apprécier le négatif comme le positif.

Peter Levine le compare à la contraction et à l'expansion : Le rythme de base de la vie est la contraction et l'expansion. Cependant, lorsqu'une personne est traumatisée, le rythme devient une contraction et rien d'autre. Grâce à la pendulation, la contraction peut lentement s'ouvrir à l'expansion. Il y aura alors toujours une contraction - le rythme de la vie - mais il y aura une expansion jusqu'à ce que la personne devienne capable de tolérer la contraction, sachant qu'une plus grande expansion est à venir. Les personnes qui sont heureuses dans leur vie et qui la vivent pleinement apprennent à respecter et à apprécier la contraction, sachant qu'elle mène à l'expansion lorsqu'elles sont calmes et ouvertes (Somatic Experiencing International, 2019).

Dans un instant, nous verrons un exercice de pendulation. Ce premier exercice est particulièrement utile si vous avez mal ou si vous ressentez des tensions dans une partie spécifique de votre corps.

EXERCICE DE PENDULATION

Pour cet exercice, vous allez penser à deux endroits de votre corps. Tout d'abord, pensez à la partie de votre corps qui est douloureuse. Nous devons reconnaître la douleur dans le corps avant de penser à quoi que ce soit d'autre. Je constate souvent que le haut de mon dos peut être très douloureux si je ne suis pas bien assis à mon bureau. Pour cet exercice, je vais donc me concentrer sur cette partie et reconnaître la douleur qui s'y trouve, mais, en même temps, je vais peut-être la frictionner pour lui faire savoir que je m'en préoccupe. Ensuite, pensez à une partie de votre corps qui n'est pas douloureuse et qui ne vous pose aucun problème. Peut-être s'agit-il de vos cheveux ou de votre gros orteil. Quoi qu'il en soit, pensez à cette partie, à sa qualité, à son absence de douleur et à la façon dont elle vous aide à atteindre vos objectifs. Ensuite, passez de l'une à l'autre - pensez à la douleur, puis à la bonne partie de votre corps. Le va-et-vient est l'aspect de la pendulation. Contractez la douleur et développez la partie de votre corps qui est bonne. Comme je l'ai dit, cet exercice est utile si vous avez mal à une partie particulière de votre corps ou si vous êtes anxieux et que cela se manifeste par un symptôme physique. Vous vous concentrez sur ce symptôme - peut-être s'agit-il d'un mal de ventre, d'un mal de tête ou d'une démangeaison au niveau des bras. Pensez ensuite à une partie de votre corps qui n'est pas touchée et passez de l'une à l'autre. Votre anxiété devrait s'atténuer progressivement à mesure que vous reconnaissez l'anxiété, mais aussi une partie de votre corps qui fonctionne bien pour vous. Vous pouvez ralentir votre respiration pendant que vous passez d'une partie à l'autre pour vous aider à atteindre un niveau supplémentaire et activer votre nerf vague pour vous aider à vous calmer.

LE TITRAGE SOMATIQUE

Le titrage porte un nom complexe, mais ce n'est pas un concept compliqué à comprendre. Il s'agit d'un processus qui consiste à s'attaquer lentement au traumatisme. Si une personne devait considérer son traumatisme d'un seul coup, ce serait trop et elle serait submergée. Il s'agit d'un processus qui consiste à se souvenir lentement de son traumatisme et à se sentir à l'aise avec lui. Il ne s'agit pas seulement de ralentir le traumatisme, mais aussi de prendre le temps d'apprécier ce que ressent son corps, les sensations qu'il perçoit et le monde qui l'entoure. On pourrait dire que la pendulation utilise le titrage parce qu'on ne se concentre pas seulement sur la partie qui fait mal : Vous vous concentrez sur cette partie pendant un certain temps, puis sur quelque chose qui ne fait pas mal et vous revenez. Vous pensez lentement au traumatisme. Vous ne vous concentrez pas uniquement sur la partie qui vous fait mal, jusqu'à ce qu'elle vous submerge complètement.

Le nom "titrage" vient d'un terme de chimie qui décrit le fait de verser lentement des produits chimiques potentiellement dangereux dans un bécher de manière à ce que le changement chimique - la transformation de ces produits chimiques en une substance inoffensive - se fasse en toute sécurité. L'option dangereuse consisterait à verser les produits chimiques en une seule fois, ce qui provoquerait une explosion.

LA THÉRAPIE COGNITIVO-COMPORTEMENTALE

La thérapie cognitivo-comportementale (TCC) est un type de thérapie qui s'adresse spécifiquement aux personnes susceptibles d'avoir des problèmes de santé mentale. Elle repose sur la théorie selon laquelle les gens ont des façons de penser qui ne leur sont pas bénéfiques, et ces façons de penser inutiles deviennent une habitude ou un modèle de comportement. En apprenant aux gens des façons de penser plus utiles, ils peuvent être en mesure de mieux gérer leur anxiété, leur dépression ou tout autre problème qu'ils peuvent rencontrer, et peut-être même de se libérer de ces problèmes.

Comme la TCC consiste à modifier la façon dont vous pensez les choses et vos schémas de pensée, il s'agira généralement d'amener la personne à prendre conscience de l'exagération ou de l'atténuation de ses pensées. Il s'agit d'amener la personne à reconnaître la réalité de la situation et à modifier sa façon de penser en conséquence. Il peut s'agir de fournir certaines compétences en matière de résolution de problèmes afin d'aider la personne à faire face à des situations particulièrement complexes. Il peut également s'agir de lui donner confiance en elle-même et en son instinct.

Des membres de ma famille proche ont suivi une TCC. Bien que je comprenne et apprécie la capacité à aider une personne à mieux faire face à ce qu'elle vit - en lui fournissant une boite à outils à utiliser chaque fois qu'elle a l'impression que les choses échappent à son contrôle - elle ne s'attaque pas toujours à la cause profonde du problème. Elle néglige souvent la cause réelle de la dépression ou de l'anxiété.

Cependant, je ne peux pas nier les preuves qui existent pour soutenir l'idée que la TCC peut faire une grande différence dans la vie de quelqu'un d'autre et l'aider à contenir et à contrôler les difficultés qu'il traverse. Une étude portant sur l'analyse d'essais contrôlés a conclu que la TCC était efficace dans le traitement de la dépression majeure, même si son effet n'était pas énorme (Lynch et al., 2009). Une étude similaire portant sur des données antérieures a conclu que la TCC permettait de traiter efficacement de nombreux cas de dépression, d'anxiété, de troubles paniques, de phobies sociales et de ESPT (Butler at al., 2006). Les preuves empiriques de l'efficacité de la TCC ont conduit à son utilisation en tant que traitement officiel pour les personnes souffrant de problèmes de santé mentale.

Vous pensez peut-être que la TCC est quelque chose que vous devez faire avec un thérapeute, mais en fait, le thérapeute vous donne les outils que vous pouvez utiliser vous-même dans votre vie quotidienne pour vous aider à combattre vos pires pensées et sentiments. Dans l'ensemble, il est possible de faire des exercices soi-même. Je vous propose ici un excellent exercice simple de TCC. Celui-ci s'adresse particulièrement aux personnes qui se sentent souvent déprimées ou anxieuses.

EXERCICE DE TCC N° 1

Tout d'abord, écrivez les pensées négatives que vous avez en tête. Il peut s'agir de "Personne ne m'aime", "Je suis inutile" ou de toute autre pensée déstabilisante. Ensuite, écrivez la possibilité positive opposée : "Je suis apprécié" ou "Je suis utile". Au début, il peut être très difficile d'accepter la deuxième affirmation. Cependant, avec le temps, plus vous répéterez l'exercice et plus vous vous sentirez à l'aise avec vous-même, plus vous commencerez à accepter la deuxième affirmation comme un fait.

EXERCICE DE TCC N° 2

Vous pouvez également vous livrer à un autre exercice si vous avez naturellement des pensées négatives à propos de quelque chose. Essayez d'ignorer cette pensée négative et concentrez-vous plutôt sur cinq points positifs. Imaginez que vous n'aimez pas une pièce parce que vous détestez la moquette ; essayez de penser aux cinq aspects positifs de la pièce - vous aimez les grandes fenêtres, vous aimez les grandes portes, vous aimez les peintures au mur, vous aimez la rondeur de la table et vous aimez la lumière qui pénètre dans la pièce lorsqu'il y a du soleil dehors. Essayez de trouver cinq points positifs à ce que vous trouvez négatif. Si vous pouvez trouver quelqu'un d'autre avec qui le faire, c'est encore mieux : Vous pourrez travailler l'un avec l'autre et trouver de l'enthousiasme pour trouver des points positifs.

PSYCHOLOGIE DE L'ÉNERGIE

Qu'est-ce que la psychologie énergétique ? David Feinstein, l'un des premiers défenseurs de la psychologie énergétique, l'a joliment décrite comme "l'acupuncture sans les aiguilles" ("Energy Psychology", 2017). Bien que cela simplifie quelque peu les choses, il s'agit d'une description exacte. La psychologie énergétique consiste à tapoter différents points de votre corps, qui renverront ensuite des messages au cerveau pour réguler vos émotions et vos sentiments et vous aider à vous calmer et à vous détendre. En général, les tapotements sont effectués en même temps que la prise de conscience du corps et des sentiments, des pensées et des comportements qui doivent être modifiés. On peut demander à une personne suivant ce type de thérapie de se souvenir d'un événement traumatisant pendant que les tapotements corporels sont effectués.

Si un traumatisme est emprisonné dans le corps, le tapotement peut être le moyen de libérer ce traumatisme et d'apporter soulagement et paix à la personne. Il existe plusieurs types et techniques de psychologie énergétique. ("Energy Psychology", 2017) Il s'agit notamment de :

- **Thérapie du champ de pensée (TFT) :** Ce type de thérapie exige que les tapotements corporels se produisent dans un ordre très précis. La personne doit se souvenir d'un événement traumatisant, puis les tapotements se déroulent dans l'ordre requis. Cette forme de thérapie a été mise au point par le Dr Roger Callaghan, qui prétendait avoir formé des algorithmes relatifs à l'ordre correct dans lequel effectuer les tapotements.
- **Technique d'acupression de Tapas (TAT) :** Le mot tapas me donne faim. Pourtant, cette technique n'a rien à voir avec les bouchées espagnoles. Le titre de cette technique tient son nom de l'homme qui l'a inventée : Tapas Fleming. Cette technique consiste à exercer une pression avec les doigts sur les zones situées autour des yeux, au-dessus du nez et à l'arrière de la tête. La personne doit ensuite se concentrer sur des images qui lui ont causé de la détresse dans le passé, puis sur des images plus positives. Elle peut ensuite se concentrer sur ce qu'elle croit être à l'origine de ses problèmes, puis sur la guérison et le pardon.
- **Techniques de libération émotionnelle (EFT) :** Cette technique n'est pas différente des autres. Elle exige que la personne se souvienne d'un événement traumatisant, puis que des tapotements soient effectués sur 12 points du corps dans un ordre précis pendant que la personne prononce des affirmations. Cette technique a été mise au point par Gary Craig et est une variante de la "Thought Field Therapy" TFT (thérapie du champs de pensée).

Ces pratiques peuvent sembler être celles qu'un thérapeute

devrait pratiquer sur vous, mais il s'agit en fait de techniques qui peuvent être enseignées et mises en œuvre par un individu. Comme toutes les thérapies et techniques présentées dans ce livre, il est facile de trouver le temps de les intégrer à votre routine quotidienne.

Comme pour de nombreuses nouvelles thérapies, il n'y a pas encore de preuves scientifiques authentiques de la valeur réelle de la psychologie énergétique, mais des recherches émergent qui suggèrent qu'elle peut avoir un impact positif sur les personnes souffrant de traumatismes, d'anxiété et de stress. Feinstein a mené des recherches sur toutes les études réalisées et a conclu que la psychologie énergétique faisait une grande différence dans le traitement des personnes souffrant de problèmes émotionnels et psychologiques (Feinstein, 2012). Bien entendu, Feinstein est un fervent défenseur de la psychologie énergétique et, pour être juste, il faut prendre ce qu'il dit avec des pincettes. Cependant, il fait référence à de nombreuses études indépendantes réalisées dans le monde entier, ce qui permet de conclure qu'il doit y avoir quelque chose de vrai si tant de personnes remarquent la différence positive que cela peut faire. Personnellement, je suis un fervent défenseur des tapotements EFT et je fais en sorte de pratiquer au moins trois séances par jour. J'ai remarqué une profonde différence positive dans mon anxiété, mon trouble obsessionnel-compulsif et d'innombrables autres traits de caractère.

EXERCICE DE PSYCHOLOGIE ENERGÉTIQUE N° 1

Prêt à essayer un exercice de psychologie de l'énergie ? Allons-y. Tout d'abord, assurez-vous d'être confortablement assis. Trouvez une zone sur le côté gauche de votre poitrine ou juste au-dessus qui vous semble un peu douloureuse ou tendue. Frottez-la avec vos doigts - faites des cercles avec vos doigts sur cette zone - et dites quelques affirmations en même temps. Essayez par exemple de dire : "Je m'aime, je me respecte et je me chéris, même avec mes défauts". Vous pouvez continuer à dire ces affirmations tout en frottant la zone douloureuse. Ensuite, inspirez profondément et expirez très lentement. Faites une pause et réfléchissez à ce que vous ressentez et à ce que votre corps ressent par la suite.

EXERCICE DE PSYCHOLOGIE DE L'ÉNERGIE N° 2

Pour l'exercice suivant, vous devez croiser votre cheville gauche sur votre cheville droite et mettre vos bras en l'air devant vous, en les orientant vers l'extérieur de façon à ce que vos pouces soient tournés vers le bas. Faites l'inverse avec vos mains de ce que vous avez fait avec vos chevilles. Serrez vos mains l'une contre l'autre de façon à ce que vos doigts s'entrecroisent et enroulez vos mains. Placez ensuite vos mains sur votre poitrine de la manière la plus confortable possible. Inspirez par le nez et expirez par la bouche. Faites cela cinq fois. Vous pouvez ensuite vous détendre. Décroisez tout et faites une nouvelle pause pour réfléchir à ce que vous et votre corps ressentez. Faites ensuite le même exercice, mais cette fois-ci, placez votre cheville droite par-dessus votre cheville gauche et votre main gauche par-dessus votre main droite. Tournez à nouveau les mains et les bras et, comme la dernière fois, inspirez par le nez et expirez par la bouche cinq fois. Une fois que vous avez fait cela, détendez-vous et décroisez tout. Prenez le temps de réfléchir à ce que vous ressentez et à ce que votre corps ressent. Enfin, pour terminer, mettez vos cinq doigts des deux mains ensemble et vers le haut, de manière à former une sorte de pyramide avec vos mains. Sentez-vous présent et conscient à ce moment-là. Respirez profondément en vous servant de votre ventre et non de votre poitrine. Après quelques respirations, détendez-vous et pensez à nouveau à ce que vous ressentez.

EXERCICE DE PSYCHOLOGIE ENERGÉTIQUE N° 3

Une fois que vous vous sentez à l'aise avec l'exercice de croisement des chevilles et des mains, vous pouvez vous lancer dans une version un peu plus complexe. Il s'agit de regarder le plafond ou le ciel à l'inspiration et le sol à l'expiration. Ensuite, pour rendre les choses encore plus compliquées, déplacez votre langue vers le palais lorsque vous inspirez et vers le fond de la bouche lorsque vous expirez. Il y a pas mal de choses à retenir dans cette version de l'exercice, alors commencez par l'exercice simple, et une fois que vous l'aurez maîtrisé, vous pourrez peut-être passer à cette version plus complexe et voir comment cela se passe. Ensuite, détendez-vous et décroisez tout. Encore une fois, faites la pyramide avec vos mains et prenez le temps d'être dans le moment présent et conscient de la sensation de votre corps. Comme vous pouvez le constater, il n'est pas nécessaire de se taper le front ou de s'allonger et de se mettre dans des positions difficiles. C'est une activité que vous pouvez facilement intégrer dans votre journée, peut-être au réveil ou avant de vous endormir. Dès que vous avez quelques minutes à vous, essayez de faire ces exercices.

LA PSYCHOTHÉRAPIE SENSORIMOTRICE

Les responsables de la dénomination des thérapies adorent leur donner des noms difficiles, n'est-ce pas ? La psychothérapie sensorimotrice vient de la motricité sensorielle, que nous avons déjà rencontrée dans ce livre en discutant de l'amnésie sensorimotrice. Ce type de psychothérapie, comme la plupart des thérapies somatiques, se concentre sur le corps pour débloquer et libérer les traumatismes emprisonnés.

Pat Ogden a commencé à développer ce type de thérapie après avoir travaillé dans un hôpital psychiatrique et s'être rendu compte que les patients n'établissaient jamais de lien entre leurs problèmes physiques et leurs problèmes de santé mentale. Elle a remarqué que ceux qui suivaient une thérapie avaient tendance à revivre et à déclencher leurs expériences traumatisantes, et que cela ne les aidait pas vraiment à guérir. Ogden a entrepris de remédier à cette situation en combinant des éléments de psychothérapie avec des éléments de thérapie somatique - quelque chose qui mettrait l'accent sur le lien entre le corps et l'esprit, et ne l'ignorerait pas.

Ogden s'est associé à Ron Kurtz et, ensemble, ils ont créé un institut de formation connu sous le nom d'Institut de psychothérapie sensorimotrice (Sensorimotor Psychotherapy, 2015).

Comme la plupart des thérapies somatiques, la psychothérapie sensorimotrice considère que les traumatismes peuvent rester piégés dans le corps s'ils ne sont pas traités complètement au bon moment, et qu'ils peuvent donc entraîner des problèmes physiques et mentaux. Elle tente de refermer ce traumatisme dans un espace sûr. Elle ne croit pas nécessairement que les détails exacts d'un traumatisme doivent être rappelés pour se libérer efficacement.

Bien que la manière dont la psychothérapie sensorimotrice est appliquée puisse varier en fonction des praticiens et des problèmes abordés, trois éléments principaux doivent être pris en compte :

- **1: Créer un espace de sécurité :** Cela permet à la personne de se sentir à l'aise et de prendre conscience de son corps, de ses sentiments et de ses sensations, de ses mouvements et de sa respiration. Le fait d'avoir un endroit où la personne se sent protégée l'aide vraiment à prendre conscience de son corps et de ce qu'il ressent, à la fois dans l'instant présent et lorsqu'il est lié à des expériences passées.
- **2:** Lorsqu'une personne se souvient de son expérience traumatique, elle note **ce qu'elle ressent** et **où elle le ressent.** Par exemple, si une personne dit qu'elle se sent anxieuse, où le ressent-elle ? A-t-elle l'estomac noué ? A-t-elle mal à la tête ? A-t-elle besoin de se gratter la peau ? Cela peut ensuite aider à essayer de réimaginer tout événement traumatique en incorporant ces sensations corporelles.
- **3:** La personne doit **accomplir l'action nécessaire** pour libérer le traumatisme. Elle devrait éprouver un sentiment de satisfaction en faisant enfin ce qui doit être fait et en mettant le traumatisme de côté. La personne devrait être en mesure de trouver le calme et

la paix qui existent lorsque le traumatisme est finalement relégué dans le passé et y reste.

La psychothérapie sensorimotrice vise à donner aux personnes la capacité de contrôler leurs réactions aux événements traumatisants et à leur faire prendre conscience de l'impact du traumatisme sur le corps, et pas seulement sur l'esprit. Elle vise également à fournir les outils nécessaires pour faire la différence entre le passé et le présent. Elle aide à prendre en compte les pensées et les sentiments - à la fois dans l'esprit et dans le corps - plutôt que de se laisser submerger par un événement traumatisant.

Les recherches sur l'efficacité de la psychothérapie sensorimotrice sont encore peu nombreuses. Toutefois, une étude a été menée sur dix femmes ayant des antécédents de maltraitance infantile. Elles ont participé à 20 séances hebdomadaires de thérapie de groupe basées sur la psychothérapie sensorimotrice. L'étude a conclu à des améliorations significatives de la conscience du corps, de la dissociation et de l'acceptation de la paix et du calme (Langmuir et al., 2012).

Un aspect souvent utilisé dans la psychothérapie sensorimotrice l'ancrage. Lorsque vous avez l'impression d'avoir perdu pied dans le monde et d'être instable à la fois mentalement et physiquement, vous avez besoin d'un ancrage. Les exercices d'ancrage sont décrits comme la capacité à poser fermement les pieds sur le sol et à prendre le temps d'être conscient de son corps et de tout ce qui l'entoure. Voici quelques exercices élémentaires d'ancrage que vous pouvez pratiquer n'importe où :

- Il y a quelques variantes possibles. Vous pouvez placer une main sur votre front et une main sur votre cœur, une main sur votre front et votre ventre, ou une main sur votre cœur et une main sur votre ventre. Choisissez votre combinaison ou essayez-les toutes. Une fois que vous êtes en position, exercez une légère pression avec vos mains, puis respirez profondément.

- Frottez vos mains l'une contre l'autre, en particulier les paumes. Pensez-y comme si vous aviez un bâton entre elles et que vous deviez créer du feu. Une fois que vos paumes se sont réchauffées grâce au frottement, placez-les sur vos yeux, appliquez une toute petite pression et respirez profondément.
- Croisez vos bras et saisissez le haut de vos bras, de sorte que votre main gauche se trouve sur le haut de votre bras droit, par exemple. Serrez doucement et continuez à le faire en descendant le long de vos bras et en remontant.
- Placez votre main droite sur le côté gauche de votre poitrine et caressez (comme vous le feriez pour un chat) en partant de votre épaule jusqu'à votre cœur. Je dois dire que je trouve celle-ci particulièrement réconfortante, mais on dit que caresser un chat peut être thérapeutique ; c'est peut-être la caresse qui me réconforte.
- Mettez un pied sur l'autre et exercez une légère pression. Changez de pied et faites de même.

Il ne s'agit là que de quelques exercices simples que vous pouvez faire à la maison. En règle générale, la psychothérapie sensorimotrice est une forme de thérapie qui, plus que d'autres thérapies, nécessite l'intervention d'un thérapeute pour vous guider et interpréter pour vous. Néanmoins, ce n'est rien que vous ne puissiez apprendre par vous-même. Avec les exercices d'ancrage, je vous ai déjà donné une longueur d'avance sur les activités que vous pouvez facilement pratiquer à la maison.

LA GESTALT-THÉRAPIE

La Gestalt-thérapie consiste à se concentrer sur ce qui se passe dans le moment présent et à ne pas baser le présent sur ce qui a pu se produire dans le passé. Les personnes qui suivent une thérapie gestaltiste sont invitées à réimaginer ces expériences passées. Grâce aux différentes techniques et outils, ils prennent conscience de l'impact négatif de leurs propres schémas de pensée et de leurs comportements sur leur vie. S'ils parviennent à les modifier, ils peuvent retrouver une vie épanouie.

Le mot "gestalt" peut signifier entier, et le psychothérapeute qui a développé ce type de thérapie, Fritz Perls, croyait fermement que les gens devaient être traités comme un tout - pensée, corps et âme/esprit. Il pensait également que l'on ne pouvait vraiment comprendre les gens que lorsqu'ils voyaient les choses de leur propre point de vue, non pas en retournant mentalement dans le passé et en y restant, mais en amenant le passé dans le présent. La Gestalt-thérapie préconise qu'il ne suffit pas de parler de ce qu'une personne ressent dans le passé, mais qu'il faut reproduire ces sentiments dans le présent. Si l'on ne parvient pas à faire ressortir ses sentiments dans le présent, cela peut entraîner des problèmes de santé mentale et physique. Perls croyait fermement que nous n'avons pas été mis sur cette terre pour essayer de répondre aux attentes des autres et que, de la même manière, les autres ne sont pas obligés de répondre aux nôtres (Clarke, 2021). En donnant aux gens la possibilité de prendre conscience d'eux-mêmes, ils apprécieront le lien entre l'esprit et le corps et trouveront de bien meilleurs moyens de faire face à tous les coups durs que la vie quotidienne peut leur asséner.

Mais cela fonctionne-t-il ? Une étude menée à Hong Kong sur des parents anxieux a révélé qu'après quatre semaines de thérapie gestaltiste, les parents avaient des niveaux d'anxiété plus faibles, étaient moins enclins à éviter les expériences intérieures, étaient plus gentils avec eux-mêmes et faisaient preuve d'une plus grande pleine conscience par rapport à ceux qui n'avaient pas suivi la thérapie (Leung & Khor, 2017). Une étude menée sur des femmes souffrant de dépression a montré que la thérapie gestaltiste permettait de réduire efficacement la dépression (Heidari et al., 2017). Je ne sais pas exactement pourquoi ces études semblent se concentrer sur les femmes. Toujours est-il qu'une étude menée sur des femmes divorcées a conclu qu'après 12 séances de gestalt-thérapie, les femmes montraient beaucoup plus de confiance en leurs capacités (Saadati & Lashani, 2013).

Je dirais que la gestalt-thérapie est une forme de thérapie qu'il vaut mieux pratiquer avec un thérapeute plutôt que seul. Cependant, il existe des exercices de gestalt-thérapie simples et directs que vous pouvez faire chez vous si vous souhaitez explorer ce domaine.

EXERCICE DE GESTALT-THÉRAPIE N° 1

Cet exercice, connu sous le nom de méditation par scan corporel, nous aide à nous connecter à notre corps - un élément essentiel de la gestalt-thérapie et de la thérapie somatique de guérison. Trouvez un endroit confortable et calme pour vous allonger. Fermez les yeux et prenez conscience de votre respiration, de la façon dont l'air entre et sort du corps, et de la façon dont votre ventre se soulève et s'abaisse. Prenez quelques minutes pour vous concentrer sur la façon dont vous respirez et sur ce que fait votre corps. Après ces quelques minutes, commencez à vous concentrer sur les orteils de votre pied gauche et imaginez que votre souffle descend le long de votre corps, de votre jambe et de ces orteils. Concentrez-vous sur les sensations que vous pouvez ressentir dans vos orteils et maintenez ces sensations - soyez curieux à leur sujet. Maintenant, déplacez votre attention le long de votre pied - de vos orteils jusqu'au talon et à la cheville de votre pied. Prenez votre temps pour descendre. À chaque fois, recentrez-vous sur cette partie du pied et imaginez votre respiration descendre dans cette partie de votre corps et ce que votre corps ressent en conséquence.

Remontez toute la jambe jusqu'au bassin, en faisant la même chose. Faites ensuite la même chose avec l'autre jambe. Maintenant, concentrez-vous sur votre ventre et le bas de votre dos, puis sur le haut de votre dos et votre poitrine, et sur le reste de votre corps jusqu'à ce que vous atteigniez vos épaules. Ensuite, concentrez-vous simultanément sur les doigts des deux mains, puis remontez le long des deux bras jusqu'à ce que vous atteigniez à nouveau les épaules. Maintenant, déplacez votre attention vers la tête, en passant par le cou, le menton, la bouche, le nez, les yeux et tout le reste, en passant par l'arrière de la tête et en terminant par le sommet de la tête. Maintenant, concentrez-vous sur l'ensemble de votre corps et sentez votre respiration entrer par le sommet de votre tête et sortir par le bout de vos orteils. Puis, sentez-la entrer par les orteils et sortir par le sommet de la tête ; continuez ainsi pendant quelques minutes. Ensuite, prenez lentement conscience que votre ventre se soulève et s'abaisse à nouveau à chaque respiration. Commencez à bouger une partie de votre corps, comme vos mains et vos pieds, et lorsque vous vous sentez prêt, ouvrez lentement les yeux. Vous pouvez rester allongé pendant un certain temps avant de vous lever du sol et de recommencer à bouger. Vous pouvez profiter de l'occasion pour noter les sentiments particulièrement forts que vous avez éprouvés pendant la méditation ou pour comparer ce que vous avez ressenti avant et après.

THÉRAPIE PAR LA FOCALISATION

La focalisation est exactement ce qu'elle semble être. Vous vous concentrez sur vous-même et apprenez à entendre les sentiments les plus profonds que votre corps essaie de vous communiquer. La focalisation peut être pratiquée par toute personne ayant appris les procédures. Elle peut être utilisée aussi souvent ou aussi peu que le souhaite la personne qui se concentre. La personne qui pratique la focalisation est celle qui contrôle ce qui se passe.

La focalisation a été développée pour la première fois par Eugene Gendlin dans les années 1950, lorsqu'il a étudié ce qui rendait la psychothérapie bénéfique pour les gens. Il a découvert que les personnes qui semblaient tirer le meilleur parti de la psychothérapie étaient celles qui éprouvaient des sentiments difficilement explicables. Néanmoins, ces personnes étaient capables de décrire ou d'illustrer ces sentiments. Ainsi, les gens découvraient ce qui restait à découvrir, ce qui permettait à la psychothérapie de continuer à avancer. Gendlin a également noté que ce phénomène était normalement accompagné d'un soupir ou d'une respiration profonde de la part de la personne, ce qui signifiait une sorte de libération. Les personnes qui pratiquent la guérison somatique peuvent dire que c'est le traumatisme qui est libéré (Jordan, 2016).

Gendlin a inventé la focalisation pour aider ceux qui ne pouvaient pas accéder aussi facilement à la capacité de déterrer ces sentiments sans nom si profondément enfouis. Au départ, il a écrit que la focalisation consistait en six étapes principales :

- **1:** Créer un espace.
- **2:** Trouver ces sentiments intérieurs inconnus - que Gendlin décrit comme une "sensation ressentie".
- **3:** Trouvez une description ou un titre pour votre " sensation ressentie ".
- **4:** Répétez ces titres ou descriptions pour vous assurer qu'ils correspondent bien à la "sensation ressentie".
- **5:** Essayer de poser des questions : La personne qui se concentre se pose alors des questions auxquelles on ne peut pas répondre simplement par "oui" ou "non", par exemple : "Qu'est-ce qui était si difficile dans cette situation ? Pourquoi ne pouvez-vous pas dépasser cela ? Qu'est-ce qui était si agréable dans cette situation ?"
- **6:** Sentir un relâchement dans le corps, ce que Gendlin a appelé un "changement ressenti". Il est évidemment très bénéfique pour la personne qui pratique la focalisation qu'elle fasse l'expérience d'un "changement ressenti", mais ce n'est pas essentiel. La focalisation est un processus continu, de sorte que le point de départ et le point d'arrivée de la personne qui pratique la focalisation peuvent être très différents (Jordan, 2016).

Une étude portant sur 87 personnes a montré que la focalisation pouvait être efficace pour apporter un soutien aux personnes ayant subi un traumatisme grave (Zweircan & Joseph, 2018). Certains diront que la preuve se trouve dans les propres recherches de Gendlin lorsqu'il a développé l'idée de la focalisation.

Nous allons maintenant parcourir les six étapes identifiées par Gendlin sous la forme d'un exercice, et vous pourrez voir si le fait de se concentrer est quelque chose qui peut faire une différence en vous. Cet exercice peut prendre jusqu'à 20 ou 30 minutes, vous devez donc faire de la place dans votre agenda. Au lieu de regarder une émission de télévision dans laquelle vous savez déjà ce qui va se passer, vous pouvez peut-être faire cet exercice à la place. Vous pouvez vous allonger sur un lit (peut-être au réveil ou avant de dormir) ou sur le sol. Si vous préférez, vous pouvez également vous asseoir sur une chaise, les pieds fermement posés sur le sol.

- **1:** La première étape consiste à créer de l'espace afin de pouvoir faire un rapide exercice de relaxation. Installez-vous confortablement et respirez profondément. Notez le poids de votre corps sur le sol, le lit ou la chaise. Veillez à desserrer les vêtements qui pourraient être trop serrés et fermez les yeux. Inspirez et expirez, et observez votre respiration. Faites-le plusieurs fois et restez attentif à votre respiration. Prenez note des endroits de votre corps où il y a des tensions. Imaginez cette tension comme une rivière d'eau qui s'écoule dans votre corps et qui sort par vos doigts et vos orteils. Continuez à respirer en laissant la tension s'écouler de vos doigts et de vos orteils. Maintenant, trouvez un endroit de votre corps où vous vous sentez en paix.
- **2:** Passez lentement à l'exercice suivant et trouvez cette "sensation ressentie". Gardez les yeux fermés et pensez au centre de votre corps. Essayez de vous souvenir d'une expérience de la semaine dernière qui vous a préoccupé ou posé problème. Pensez à cette expérience et essayez d'en former une image dans votre esprit. Essayez de mettre de côté toutes les pensées que vous avez eues à

ce sujet et recherchez cette "sensation ressentie" - cette sensation que vous avez eu au moment où cette expérience s'est produite et non ce que vous avez ressenti par la suite. Mettez de côté vos pensées et essayez simplement de ressentir cette expérience en vous.

- **3:** Vous devez maintenant trouver un titre, une description ou une image pour cette "sensation". Gardez les yeux fermés, continuez à respirer et voyez si des mots ou des images vous viennent à l'esprit.
- **4:** Répétez ce mot ou cette image et voyez s'ils résonnent en vous. Voyez s'il correspond vraiment à cette "sensation" que vous avez ressenti au centre de votre corps à propos de votre expérience. Continuez à les différencier l'un par rapport à l'autre. Vous saurez que vous avez raison, car vous sentirez que votre corps est d'accord avec vous.
- **5:** Quelles sont les questions que vous vous posez ? Le type de questions que vous vous posez dépend de chaque expérience, mais vous vous demandez peut-être : "Qu'est-ce qui est si difficile pour moi dans cette expérience ?" Entre chaque question, attendez une minute ou deux pour déterminer ce que votre "ressenti" vous dit. Ensuite, voyez quels mots ou quelles images vous viennent pour qualifier ce sentiment. Essayez maintenant de faire ressentir à votre corps ce qui se passerait si la situation ou l'expérience à laquelle vous avez réfléchi était en fait tout à fait correcte. Prenez une minute ou deux pour ressentir cela. Ensuite, posez-vous la question suivante : "Qu'est-ce qui empêche cette expérience de devenir normale ?" Ne répondez pas par la pensée. Je dois dire qu'il m'est toujours difficile de résister à cette question, mais essayez. Vous devez le ressentir à nouveau dans votre corps. Comme pour les autres points, cela peut prendre une minute ou deux

pour que quelque chose apparaisse. Une fois de plus, écoutez cette "sensation" dans votre corps et trouvez un mot ou une image qui puisse représenter ce qui empêche l'expérience de se dérouler correctement. Enfin, essayez de trouver ce qui pourrait vous permettre de passer d'une expérience négative à une expérience positive ou, du moins, à une expérience beaucoup plus supportable. Encore une fois, ne répondez pas avec votre esprit : Laissez votre corps parler. Ici, vous pouvez poser d'autres questions. "Est-ce que je me sens bien en faisant cela ?" Si votre "sensation" vous dit non, vous devez reconsidérer votre décision ; si votre " sensation " vous dit "Oui, je me sens bien", vous pouvez vous arrêter là.

Avec un peu de chance, à la fin de ce processus, vous avez l'impression d'avoir trouvé une réponse à votre problème. Même si ce n'est pas le cas, des solutions peuvent surgir plus tard. Pour l'instant, prenez le temps de vous arrêter et de vous apprécier. Appréciez la "réflexion" que votre corps a menée compte tenu du problème que vous rencontrez.

Puis, lorsque vous vous sentez prêt à le faire, ouvrez les yeux et commencez à prendre conscience de la pièce et de tout ce qui vous entoure. Si vous avez eu de la chance, il se peut que vous ayez relâché la tension à la fin de la cinquième étape. Si ce n'est pas le cas, ce n'est pas grave. Comme je l'ai déjà dit, ce n'est pas le but de la concentration. L'essentiel est d'apprendre à connaître son corps, de le comprendre et de l'écouter afin de savoir vraiment ce que l'on ressent et quelle est la meilleure façon de résoudre ses problèmes.

THÉRAPIE PAR LE PSYCHODRAME

Ne vous inquiétez pas. Il ne s'agit pas d'Anthony Perkins avec une perruque de *Psychose* ou quelque chose de ce genre. La thérapie psychodramatique est une forme de thérapie qui demande à une personne de s'engager dans des actions afin de résoudre ses problèmes. Il peut s'agir de jeux de rôle ou de thérapies de groupe.

Le psychodrame a vu le jour au début des années 1900 grâce au psychiatre Jacob Moreno, qui a organisé sa première séance de psychodrame en 1921. Il en est venu à croire au psychodrame en raison de son appréciation de la thérapie de groupe et de son propre intérêt pour les arts théâtraux. L'idée qui sous-tend le psychodrame est qu'en utilisant des techniques dramatiques, une personne trouvera la vérité. Elle sera capable de voir la façon dont elle se comporte avec les autres et dans certaines situations et aidera les gens à gérer les problèmes émotionnels qu'ils peuvent avoir dans leur vie. Elle peut être utilisée pour jouer des épisodes passés, présents ou futurs. Le fait d'aborder les problèmes de cette manière peut donner aux gens un nouveau regard sur leurs problèmes et sur la meilleure façon de les aborder ("Psychodrama", 2016).

Le psychodrame est généralement pratiqué dans le cadre d'une thérapie de groupe, l'expérience d'une personne étant mise en scène et les autres membres du groupe jouant d'autres rôles dans cette situation. Cependant, vous pouvez pratiquer certains aspects du psychodrame seul, même s'il n'est pas aussi simple que d'autres thérapies de l'intégrer dans votre vie quotidienne.

La thérapie psychodramatique comporte généralement trois parties principales : l'échauffement, l'action et le partage. L'échauffement a pour but d'encourager la confiance et la sécurité et de veiller à ce que les participants se sentent prêts et à l'aise dans leur environnement et dans leur thérapie. Il peut s'agir de se présenter tout en jouant un rôle quelconque. Dans la partie action, une expérience de la vie d'une personne sera mise en scène. Pour ce faire, certaines méthodes sont généralement utilisées, notamment :

- **Inversion des rôles :** Une personne ne joue pas son propre rôle, mais celui d'une personne importante dans sa vie. Cela peut permettre de mieux comprendre pourquoi cette "autre personne" peut se comporter

comme elle le fait, créant ainsi de l'empathie ; cela peut aider la personne à mieux comprendre sa relation avec cette "autre personne".
- **La Technique du miroir :** La personne devient un spectateur pendant que d'autres personnes jouent une expérience de sa vie. Cette méthode peut s'avérer utile si la personne se sent assez détachée de son être, si elle n'est pas en contact avec ses émotions et ses sentiments ou si elle se sent exceptionnellement négative par rapport à l'expérience vécue.
- **Le "doubling" (double) :** Quelqu'un d'autre joue le rôle de la personne et exprime ce qu'il pense être ses pensées et ses sentiments. Cette méthode peut être utilisée pour mieux comprendre la personne ou pour remettre en question, de manière agréable, la manière dont elle se comporte dans ce scénario.
- **Le Soliloque :** Dans le cadre d'une thérapie de groupe, il s'agit de parler aux autres membres du groupe ou à un thérapeute. Si vous avez besoin d'un public, vous pouvez toujours le faire avec votre partenaire, un membre de votre famille ou un ami proche, à condition que ce dont vous parlez ne les concerne pas directement. Vous pouvez même utiliser une chaise vide sur laquelle vous pouvez exprimer vos sentiments.

L'étape de partage est celle où la personne parcourt et essaie de mieux comprendre ce qui vient de se passer et pourquoi, comment mieux résoudre les choses dans le présent, ou comment mieux résoudre les mêmes types de scénarios à l'avenir.

Je pense que le psychodrame est l'une des thérapies les moins confortables pour une personne, en particulier si elle a vécu des événements traumatisants. Cependant, pour ceux qui ont vraiment du mal à faire ressortir leurs émotions ou pour ceux qui ont peut-être besoin de les contenir, il peut s'agir de l'une des thérapies les plus gratifiantes.

Une étude sur l'efficacité du psychodrame sur des collégiennes ayant subi un traumatisme a montré qu'il réduisait l'anxiété et la dépression, et que les filles se repliaient moins sur elles-mêmes (Carbonelli & Parteleno-Barehmi, 2016). Une autre étude a montré que le psychodrame pouvait être un traitement efficace pour les adolescents ayant subi un traumatisme (Mertz, 2013). Des recherches menées sur des personnes souffrant de SSPT dans un centre d'addictologie ont montré qu'après avoir suivi un psychodrame, les symptômes du SSPT avaient diminué de 25 % (Giacomucci & Marquit, 2020).

Comme nous l'avons vu, le psychodrame est avant tout une thérapie de groupe, mais il est possible de faire des exercices seul. Tout ce dont vous avez besoin, c'est d'une chaise vide ; la chaise représente l'autre personne de votre vie dont il est question dans ce scénario. Déplacez la chaise de manière appropriée ; placez les chaises l'une près de l'autre si vous vous sentez proche de la personne. Si vous vous sentez éloigné de la personne, placez les chaises loin l'une de l'autre. Ensuite, asseyez-vous sur la chaise qui vous représente, faites comme si l'autre personne était assise sur l'autre chaise et dites-lui tout ce que vous pensez devoir lui dire. Il se peut que vous souhaitiez poser des questions, et pas seulement exprimer un sentiment. Une fois que vous avez fait cela, levez-vous et allez-vous asseoir sur l'autre chaise et jouez le rôle de l'autre personne, peut-être en donnant des réponses aux questions ou en réagissant à ce que vous avez dit. Enfin, retournez-vous asseoir sur votre chaise, redevenez vous-même et répondez à ce que l'autre personne a dit. Vous pouvez alors continuer à faire des allers-retours jusqu'à ce que vous parveniez à la résolution dont vous avez besoin. Vous pouvez enregistrer la conversation, car ce que vous dites en tant que vous-même ou en tant que l'autre personne peut parfois vous choquer. Cela ne devrait toutefois durer que quelques minutes. Ce type d'exercice peut s'avérer très utile en cas de sentiments ou de situations non résolus. Souvent, il peut être utile lorsque la personne pour laquelle vous éprouvez ces sentiments non résolus n'est plus parmi nous, car vous n'auriez jamais l'occasion d'avoir cette conversation dans la vie réelle. Quelle que soit la situation, cet exercice peut être très utile pour aborder ces questions et sentiments non résolus, vous aider à vous sentir mieux avec vous-même et avec les autres, et vous motiver à aller de l'avant dans votre vie.

DÉSENSIBILISATION ET RETRAITEMENT PAR DES MOUVEMENTS OCULAIRES (DRMO/EMDR)

L'EMDR est une thérapie qui vise à guérir les personnes d'un traumatisme. L'EMDR part du principe que, tout comme le corps tente de guérir une blessure, le cerveau a lui aussi besoin de guérir d'un événement traumatisant. Lorsqu'il ne parvient pas à guérir et à se soigner correctement, des problèmes de santé mentale apparaissent. L'EMDR aide à réactiver ce processus de guérison.

Comme son nom l'indique fortement, les mouvements oculaires sont utilisés pendant la thérapie. La personne qui suit la thérapie EMDR pense à certaines choses liées à une expérience tout en faisant des mouvements spécifiques avec ses yeux. Cela l'aide à traiter ces souvenirs et ces sentiments. Plutôt que de ressentir des sentiments négatifs à l'égard de ces souvenirs, elle commence à se sentir bien d'avoir surmonté ces expériences. Les mouvements oculaires fonctionnent de la même manière que les mouvements oculaires rapides (MOR/REM) qui se produisent pendant le sommeil. Oui, c'est de là que le groupe de musique tire son nom, si vous ne le saviez pas déjà.

L'EMDR se concentre sur le passé, le présent et l'avenir. Elle examine les expériences traumatisantes du passé, les problèmes du présent et les solutions qui peuvent être trouvées dans l'avenir.

L'EMDR se déroule en huit phases. Ces phases sont les suivantes :

- **1: Prise en compte de l'histoire :** L'individu détermine quelles expériences peuvent potentiellement être traitées par l'EMDR. Il peut également réfléchir

aux compétences ou aux changements de comportement dont il pourrait avoir besoin à l'avenir pour traiter ces problèmes.
- **2 : Identifier les outils pour affronter la détresse émotionnelle :** Une personne peut apprendre différentes techniques et stratégies pour aider à réduire le stress entre chaque session EMDR.
- **3, 4, 5 et 6 : La thérapie EMDR :** Une expérience est identifiée et soumise à la thérapie EMDR. Au cours de cette thérapie, la personne reconnaît une image à associer à l'expérience, les sentiments négatifs qu'elle éprouve à l'égard d'elle-même et tous les sentiments qui y sont associés, tant sur le plan physique que mental. Elle développe ensuite des sentiments positifs à son égard. La personne comparera ce sentiment positif au sentiment négatif. La personne se concentre ensuite sur l'image, le sentiment négatif et les sentiments corporels pendant l'EMDR. Cela peut inclure des tapotements et l'écoute de tonalités. La personne notera comment elle réagit naturellement à ces éléments. Après chaque étape de mouvements, de tapotements ou de tonalités, la personne essaiera de laisser son esprit se vider et de prendre note de tout ce qui lui vient à l'esprit en premier. Le résultat de cet exercice déterminera le type d'EMDR qui sera utilisé par la suite.
- **7 : Clôture :** La personne tient un journal tout au long de la semaine, détaillant tout ce qui s'est passé d'important. Il est utilisé pour réaffirmer les activités que la personne a développées pour faire face à la situation au cours de la deuxième phase.
- **8 : Évaluation des progrès :** La dernière phase consiste à rendre compte des progrès réalisés.

Une étude portant sur 24 essais a conclu que l'EMDR avait des effets positifs sur le traitement des traumatismes émotionnels.

Sept études sur dix l'ont jugée plus efficace que la TCC (Shapiro, 2014). Je dois ajouter que l'étude a été rédigée par Francine Shapiro, qui a conçu et développé l'EMDR, et qu'il convient donc de garder cela à l'esprit lorsque l'on examine les conclusions de l'étude. Il existe cependant d'autres études. Une revue systématique de la littérature a identifié que l'EDMR améliore les symptômes de traumatisme (Valiente-Gomez et al., 2017). Une autre analyse de toutes les données concernant les essais EDMR a conclu que la thérapie EMDR réduisait considérablement les symptômes de l'ESPT (Chen et al., 2014).

L'EMDR est une autre thérapie pour laquelle il est préférable de trouver un thérapeute, mais elle peut également être travaillée par soi-même dans le confort de sa propre maison. Voici un exercice qui le prouve :

EXERCICE EMDR N° 1

Asseyez-vous confortablement, croisez vos mains sur votre poitrine de manière à former un papillon, les doigts pointant vers le haut. Reliez ensuite vos deux pouces. Utilisez vos mains pour tapoter alternativement les côtés gauche et droit de votre poitrine. Vous faites cela pour que les côtés gauche et droit de votre cerveau forment une connexion. Prenez note de votre environnement et de tout ce qui se passe. Tout cela devrait vous aider à vous calmer et vous donner un sentiment de paix. Cela devrait également vous aider à faire face et à traiter le problème qui vous cause du stress, quel qu'il soit.

… 7 …

LE TRAUMATISME DE LA HONTE : GUÉRIR L'ENFANT INTÉRIEUR ET CRÉER DES LIMITES

Le traumatisme de la honte est malheureusement trop fréquent et est généralement lié à des expériences vécues dans l'enfance. Il peut être difficile de chercher de l'aide et de faire face aux émotions et aux sentiments qui se manifestent souvent. Mais si vous le faites, la thérapie somatique peut vous aider à soulager une partie de la douleur.

GUÉRIR L'ENFANT INTÉRIEUR PAR LA THÉRAPIE SOMATIQUE

La honte, comme tout traumatisme, reste "coincée" dans une personne. Elle a du mal à tourner la page et à se libérer de la honte, qui reste donc à l'intérieur, provoquant des tensions, comme le fait tout traumatisme. Cependant, la honte n'est généralement pas causée par un incident spécifique, comme un accident de voiture ou une guerre, mais se produit lentement, au fil du temps, incident après incident, donnant à la personne l'impression que quelque chose ne va pas chez elle et qu'elle n'a aucune valeur dans ce monde. Elle commence à croire que tout ce qui va mal dans sa vie est de sa faute. Tous ses problèmes ne sont la faute de personne d'autre que la sienne. Parfois, bien sûr, une petite dose de honte peut être une bonne chose. Vous avez fait quelque chose d'embarrassant lorsque vous étiez ivre, et vous vous réveillez le lendemain en ayant honte, alors vous appelez ceux que vous avez touchés et vous vous excusez. La honte, à cet égard, nous aide à réévaluer notre comportement et nos relations avec les autres, mais la honte toxique n'est pas comme cela. Elle est de plus grande ampleur et constitue un incident répété qui nous mine jusqu'à ce que notre corps et notre esprit ne puissent plus y faire face. On a souvent l'impression qu'il n'y a pas de processus de réévaluation ou d'action pour se débarrasser de la honte.

Pour qu'une personne puisse faire face à son traumatisme honteux, elle doit se sentir dans un espace confortable et sûr. C'est important pour les traumatismes en général, mais encore plus pour la honte. Souvent, la personne doit faire face à ses sentiments les plus profonds et les plus sombres, ce qui ne peut se faire que dans un espace sûr où elle se sent suffisamment à l'aise pour s'ouvrir à ce genre de choses.

La thérapie somatique, en particulier, est efficace contre la honte pour un certain nombre de raisons. L'une d'entre elles est qu'elle est très ancrée dans le présent, qu'elle amène une personne à penser à l'ici et au maintenant, et à être consciente de son corps. Il s'agit d'être à l'écoute de son corps et pas seulement de son esprit. Avec la honte, il est facile pour une personne de se déconnecter de son corps et de ne plus prêter attention aux détails de ce qui se passe autour d'elle. La thérapie somatique permet de rompre avec cette habitude.

L'autre chose pour laquelle c'est utile, que nous avons abordée dans un chapitre précédent, est la pendulation. Il s'agit de permettre à une personne d'aller et venir, d'un état à un autre, sans rester bloquée dans un seul état. Les personnes qui souffrent de honte sont certainement bloquées, et la pendulation peut les aider à sortir de cet état lentement et en toute sécurité.

Bien que le sentiment de honte soit présent en nous, il n'est pas vraiment possible d'éprouver de la honte à moins que quelqu'un ne nous ait fait sentir la honte. Il est extrêmement important que toute personne qui subit ce type de traumatisme comprenne que la honte est rejetée sur elle. Ce n'est en aucun cas de votre faute. Ce sentiment de honte nous est le plus souvent imposé par des personnes en position de pouvoir, qu'il s'agisse de notre famille, de nos amis, de nos relations ou de notre travail, pour n'en citer que quelques-unes. En toute honnêteté, ces personnes ne se rendent souvent pas compte de ce qu'elles font, mais c'est tout de même elles qui nous font honte. De même, tout enfant négligé ou facilement rejeté peut grandir avec des sentiments de honte, qui peuvent facilement être déclenchés plus tard dans la vie.

L'un des éléments étranges de la honte est que, souvent, lorsque les gens se sentent honteux, ils essaient de projeter la honte aux autres. Nous pouvons projeter la honte à quelqu'un parce qu'il a ravivé notre sentiment de honte. Cependant, la solution pour perdre ce sentiment de honte est souvent de revenir à la raison initiale de ce sentiment. Malheureusement, il s'agit souvent de la honte transmise par les tuteurs ou les soignants. Ils ne pensent pas toujours aux conséquences de leur comportement et à la durée de cet impact.

Beaucoup pensent que la meilleure façon de se libérer de la honte est de la rendre à ceux qui vous ont fait honte. Ils pensent également que cela doit être fait avec force car, le plus souvent, la honte a été transmise avec force (Lyon, 2017). Il n'est pas nécessaire de le faire d'un seul coup ; on peut d'abord essayer de le faire, puis passer à la force, mais il faut généralement le faire avec force pour obtenir l'effet désiré. Je dois également être clair : Il n'est pas nécessaire de rendre la pareille à la personne dans la vie réelle (bien que cela puisse être une option distincte de la thérapie somatique), mais de le faire de manière imaginaire. Cela peut être difficile en tant qu'action, mais de nombreuses personnes hésitent parce qu'elles se sentent honteuses de projeter la honte, en particulier s'il s'agit d'un membre de la famille ou d'un proche. Toutefois, il convient de préciser qu'il y a une grande différence entre le fait de dénoncer des choses qui ne sont pas correctes et le fait de faire honte à quelqu'un. Il est également important de dire que la personne à qui vous rendez votre honte, en toute honnêteté, ne pensait probablement pas ce qu'elle a fait ou n'a pas vraiment compris ce qu'elle faisait et l'effet que cela aurait. Elle s'est peut-être sentie honteuse et a essayé de transmettre sa honte. La honte peut également se transmettre de génération en génération ; peut-être que le soignant qui vous a fait honte avait été humilié par son propre soignant. La personne qui reçoit la honte la rend à celle qui l'a donnée et en ressent une libération et une paix intérieure.

La famille dans laquelle nous grandissons et même la société dans laquelle nous grandissons façonnent nos impressions et nos premières croyances. Si ces expériences ne sont pas toujours positives, elles peuvent devenir des croyances limitatives, du type "Je ne suis pas assez bien pour cela" ou "Je ne mérite pas cela". Si quelqu'un vous dit assez souvent : "Tu n'arriveras jamais à grand-chose", il est certain que vous commencez à limiter votre propre confiance en vous. Si tout le monde dit : "Ton frère est bien meilleur que toi", vous pouvez finir par le croire. Il en va de même pour la société. Si certains groupes de personnes ne reçoivent pas de messages positifs, il n'est pas étonnant qu'ils commencent à se remettre en question et à se demander s'ils ont quelque chose à offrir au monde. Une fois que l'on prend conscience de ces choses, cela peut devenir un vrai soulagement. La honte et la culpabilité que vous avez ressenties n'étaient pas authentiques : Elles ont été imposées par les personnes qui vous entourent et par la société elle-même. Une fois que l'on s'en rend compte, cela peut vraiment amener un moment de libération.

Cela peut même s'étendre à la culture dans laquelle vous avez été élevé. Supposons que vous soyez élevé dans une culture où tout le monde doit être très machiste. Tout le monde dit "soyez un homme" ou "les garçons, ne pleurez pas". Supposons que vous grandissiez dans une telle culture machiste. Dans ce cas, il n'est pas surprenant que vous ayez du mal à montrer une quelconque émotion ou un quelconque sentiment à quelqu'un d'autre et que vous soyez quelque peu agressif dans la plupart des situations dans lesquelles vous vous trouvez. Toutes ces choses peuvent influencer notre enfant intérieur et nous rendre la vie difficile lorsque nous sommes plus âgés. Étant donné que les talibans viennent de reprendre le contrôle de l'Afghanistan, vous vivez peut-être dans une culture et une société où l'éducation des femmes n'est pas valorisée. Peut-être qu'avec le temps, certains individus ont subi un lavage de cerveau qui les a amenés à croire à cette doctrine absurde. Quelqu'un vous demande : "Pourquoi ne faites-vous pas ce que vous voulez vraiment faire de votre vie ?". Vous répondez : "Non, ce n'est pas ce que je suis censé faire. Je n'en suis pas capable", mais c'est pourtant le cas. La société vous a imposé une croyance limitative, et vous commencez à y croire. Vous finissez par faire des choses que vous n'avez jamais voulu faire parce que vous pensez que c'est bon pour vous, et si vous suivez un chemin différent, vous aurez honte.

Même si nous rejetons consciemment les valeurs et les croyances que nous pensions être vraies et dont nous nous rendons compte aujourd'hui qu'elles sont fausses, il reste la question de notre subconscient. On estime que le subconscient est responsable de 90 % de nos sentiments et de nos comportements et qu'une décision ou une action consciente est généralement précédée d'une décision ou d'une action inconsciente (Meyer, 2020).

Le subconscient est vraiment extraordinaire. Quand on est bébé, c'est le moteur qui nous fait fonctionner. Nous n'avons pas vraiment d'esprit conscient avant l'âge de cinq ou six ans. C'est le subconscient qui contrôle entièrement ce que nous faisons jusqu'à ce moment-là. Il est comme une éponge qui absorbe tout ce qui se passe autour de lui et le traite ensuite. Il est inévitable qu'il exerce une forte influence sur l'esprit conscient.

Lorsque nous sommes très jeunes, notre esprit absorbe normalement toute nouvelle information et la prend pour argent comptant, car nous ne disposons pas d'un ensemble de valeurs, de croyances et d'expériences vécues à l'aune desquelles la juger. C'est pourquoi ces premières années sont si importantes et peuvent avoir un impact durable sur nous pour le reste de notre vie. Lorsque nous atteignons l'âge de cinq ou six ans, nous disposons désormais d'un système de valeurs et de croyances pour évaluer toute nouvelle information, et c'est ce que fait notre subconscient. Par conséquent, c'est souvent la façon dont nous voyons le monde à ce stade de la vie qui a un impact sur la façon dont nous le verrons plus tard.

L'enfant intérieur peut donc être considéré comme une partie de notre subconscient. Les expériences et, éventuellement, les traumatismes que nous avons vécus au cours de ces premières années ne sont pas simplement oubliés - pour ne jamais être revus. Elles sont regroupées en une petite partie de notre identité et influencent notre santé et notre bonheur tout au long de notre vie.

Cependant, si cet enfant intérieur est blessé ou en colère, et que cela a un impact négatif sur notre vie, cela ne signifie pas que nous ne pouvons rien faire pour notre subconscient et notre enfant intérieur. C'est là que l'expérience somatique entre vraiment en jeu. Auparavant, toutes ces choses se passaient sans que nous en soyons conscients. Mais grâce à l'expérience somatique, nous prenons conscience de nous-mêmes et de notre corps. Nous sommes à l'écoute de nous-mêmes et de notre corps. Par conséquent, nous pouvons faire un effort conscient pour reprogrammer notre subconscient avec des pensées positives et aimantes. Il peut s'agir de la façon dont nous nous parlons à nous-mêmes, des personnes avec lesquelles nous nous entourons, et même de choses comme les médias sociaux. Pour toutes les pensées et sentiments négatifs que vous avez sur vous-même ou que vous entendez de la part d'autres personnes, nous devons plutôt penser au positif. Si vous vous dites stupide, essayez de penser à quelque chose de plus positif. Le conscient peut l'emporter sur le subconscient si nous le répétons suffisamment souvent ; finalement, notre subconscient commencera à s'aligner sur notre conscient. Combiné aux nombreuses techniques somatiques existantes, l'enfant intérieur commencera à ressentir l'amour, l'attention et le réconfort dont il a besoin, et le processus de guérison pourra commencer.

Les expériences que nous vivons nous amènent généralement à transporter un bagage émotionnel. Nous ne le voulons pas, mais c'est notre façon de dire : "Regardez ce qui m'est arrivé : tant de choses !". Ce n'est qu'une fois que nous nous débarrassons de notre bagage émotionnel que nous réalisons à quel point il nous pesait. Nous devons également nous en débarrasser. La vie est trop courte pour porter ce bagage et l'emmener dans chaque nouvelle situation, expérience et relation. C'est épuisant. Nous devons être plus légers et plus libres dans nos pensées et nos sentiments si nous voulons vivre la vie de rêve que nous souhaitons.

Nous ne devons pas seulement nous débarrasser de notre bagage émotionnel, mais aussi de nos croyances limitatives. Tant qu'elles subsistent, nous n'avons aucune chance de nous guérir, car notre esprit nous donnera toujours des raisons de ne pas faire les choses. "Je ne suis pas assez bon pour cela, alors pourquoi essayer ? "Je ne suis pas assez bien pour eux, il vaut mieux en finir maintenant avant qu'ils ne s'en rendent compte" ou "Je ne suis pas une personne très sociable, je n'ai donc pas besoin d'amis". Toutes ces pensées, et bien d'autres encore, nous empêchent de réaliser notre potentiel, car nos croyances limitatives tentent de saboter toutes les opportunités qui s'offrent à nous. Elles ne sont pas la vérité. Pour devenir vraiment conscient de soi, il faut prendre conscience de ces croyances pour ce qu'elles sont. Une aide est cependant à portée de main. Le subconscient qui produit toutes ces pensées inadéquates peut être reprogrammé à l'aide de la technique de liberté émotionnelle (EFT). Il s'agit de tapoter sur différents points du corps où l'on pense que résident des champs d'énergie, en les combinant avec des mots ou des phrases spécifiques pour donner un nouveau message à votre subconscient et le reprogrammer.

Le conditionnement et la programmation que vous subissez en tant qu'enfant peuvent revenir et continuer à vous hanter tout au long de votre adolescence et de votre vie d'adulte. Si vos modèles vous disent que vous n'êtes pas assez bon, il n'est pas surprenant que, dans votre vie d'adulte, des sentiments d'inadéquation et d'inutilité commencent à se manifester. De même, si toutes les personnes qui vous entourent se préoccupent de l'argent, vous passerez probablement votre vie d'adulte à vous préoccuper de l'argent et à le rechercher. Ce que nous vivons en tant qu'enfants au cours de ces étapes cruciales peut nous définir pour le reste de notre vie.

Cependant, il existe de nombreuses pratiques somatiques qui peuvent vous aider à reprogrammer votre subconscient, à guérir votre enfant intérieur et à commencer lentement à défaire tout ce mauvais travail qui a commencé lorsque vous étiez un très jeune enfant. Le travail sur la respiration dont il a été question dans ce livre peut vous aider à entrer en contact avec votre enfant intérieur, à vous sentir dans l'instant présent et à écouter ce qu'il vous dit. La tenue d'un journal ou la rédaction d'une lettre à votre enfant intérieur peuvent vraiment vous aider à faire face à cette situation. L'EFT et d'autres exercices de tapotement peuvent aider à reprogrammer le subconscient, à dire des choses positives sur soi-même et à éliminer lentement toutes les pensées négatives et les croyances limitatives.

L'un des aspects de la thérapie somatique qui découle de l'examen de l'enfant intérieur est la théorie du "reparentage". Vous avez maintenant la possibilité de vous donner les choses que vous n'avez pas eu dans votre enfance et dont vous aviez besoin en vous réparant vous-même - qu'il s'agisse de la confiance en soi ou de la compassion, ou d'autres choses encore. Cela ne veut pas dire que vos parents ou les personnes qui s'occupaient de vous étaient de mauvais parents : Cela signifie simplement qu'ils agissaient en fonction de leurs propres croyances et de leur propre système de valeurs, et qu'ils ne vous ont peut-être pas donné tout ce dont vous aviez besoin, sans que ce soit leur faute.

Il existe des formes de psychothérapie de reparentage qui nécessitent l'intervention d'un thérapeute jouant le rôle de parent, mais l'essentiel de la réparation peut se faire par soi-même : Aimez-vous inconditionnellement. Vous devez faire preuve de compassion envers vous-même ; ne jugez pas ou ne critiquez pas vos pensées et vos sentiments, mais légitimez-les et appréciez le fait qu'ils font partie de votre identité. Vous donnez à votre enfant intérieur de nombreuses affirmations positives pour vous rappeler que vous êtes aimé, que vous êtes digne et que ce que vous pensez et ressentez est valable. Si le fait de revenir à votre enfant intérieur et de penser à ces choses est trop accablant, vous devriez alors consulter un thérapeute afin que les exercices puissent être effectués en toute sécurité. Mais les principes généraux du reparentage - entrer en contact avec son enfant intérieur, répondre à ses besoins et les satisfaire - peuvent être mis en œuvre par soi-même.

Apprendre à soigner son enfant intérieur peut faire toute la différence. Le fait d'avoir de l'autocompassion et de savoir comment prendre soin de soi peut améliorer de nombreuses relations, qu'elles soient personnelles, familiales, amicales ou professionnelles. Vous vous aimerez vraiment, vous apprécierez votre propre compagnie et celle des autres, et vous découvrirez que vous aimez la vie et que vous voulez la vivre pleinement. Vous aurez confiance en vous et en vos capacités, et vous aurez libéré toute la douleur et la tension qui vous retenaient depuis tant d'années. Dans certains cas, vous vous êtes complètement détaché des sentiments et des émotions. La guérison de l'enfant intérieur vous remettra en contact avec vous-même, et vous ressentirez à nouveau des choses telles que le bonheur et l'amour.

Si la guérison de votre enfant intérieur est quelque chose dont vous pensez avoir besoin et qui vous intéresse, voici un exercice de tapotement EFT simple pour vous mettre sur la voie :

- **1:** Tout d'abord, tapotez le côté de votre main - le côté où se trouve votre petit doigt plutôt que le côté du pouce - à un rythme assez régulier. Tout en tapotant, dites-vous : *"J'aime mon enfant intérieur. J'accepte mon enfant intérieur. Je m'aime inconditionnellement et sans exception."*
- **2:** Maintenant, tapotez le sommet de votre tête, tapotez votre front au-dessus de votre sourcil droit interne, et tapotez votre tempe droite, en répétant la phrase suivante (ou une phrase que vous avez inventée et qui

vous convient mieux) sur chaque zone : *"J'aime l'enfant intérieur qui n'a pas eu tout ce dont il avait besoin. Cet enfant était et est incroyable."*

- **3:** Tapotez votre pommette, juste en dessous de votre œil et sur le côté de votre nez : *"Mon enfant intérieur est capable de tout et a le potentiel d'accomplir n'importe quoi."*
- **4:** Tapotez votre lèvre supérieure - la partie située entre le nez et la bouche : *"Mon enfant intérieur ne connaît pas de limites."* Tapotez votre menton : *"Et j'aime mon enfant intérieur quoi qu'il arrive."*
- **5:** Tapotez sous votre aisselle, sur le côté de vos côtes ; tapotez le sommet de votre tête ; tapotez votre front au-dessus de votre sourcil droit interne ; et tapotez votre tempe droite, en répétant la phrase suivante sur chaque zone : *"Si mon enfant intérieur fait des erreurs ou des fautes, cela n'a pas d'importance. J'aime mon enfant intérieur quoi qu'il en soit."*
- **6:** Tapotez votre pommette ; tapotez votre lèvre supérieure : *"J'accepte pleinement mon enfant intérieur d'une manière qui n'était pas possible à l'époque."*
- **7:** Tapotez votre menton : *"J'envisage de tenir mon enfant intérieur et de lui dire à quel point il est formidable et que tout va bien se passer.*
- **8:** Tapotez la zone où se trouve votre cœur, à gauche de votre poitrine : *"Je protégerai toujours mon enfant intérieur et j'assurerai toujours la protection de mon enfant intérieur."*
- **.9:** Tapotez sous l'aisselle, du côté des côtes : *"Mon enfant intérieur a tout mon soutien et mon acceptation."*
- **10:** Tapotez le sommet de votre tête ; tapotez votre front au-dessus de votre sourcil intérieur droit : *"J'aime mon enfant intérieur tel qu'il est."*
- **11:** Tapotez votre tempe droite : *"Si quelqu'un dit du mal de mon enfant intérieur, je lui tiendrai tête."*
- **12:** Tapotez votre pommette ; tapotez au-dessus de votre lèvre supérieure : *"Je montrerai à mon enfant intérieur

qu'il a de la valeur, qu'il est digne et qu'il sera toujours désiré et aimé."

- **13:** Tapotez votre menton, tapotez votre cœur : *"Je veux vraiment encourager mon enfant intérieur à montrer à quel point il est incroyable et éblouissant."*
- **14:** Tapotez sous votre aisselle, du côté de vos côtes ; tapotez le sommet de votre tête : *"En guérissant mon enfant intérieur, je me guéris moi-même."*
- **15:** Tapotez votre front au-dessus du sourcil intérieur droit : *"Je n'ai plus besoin de la programmation et de la limitation avec lesquels j'ai été élevé. Ce que je me dis maintenant est la vérité."*
- **16:** Tapotez votre tempe droite ; tapotez votre pommette ; tapotez votre lèvre supérieure : *"Mon enfant intérieur fait et fera toujours partie de moi, et lorsque je prends bien soin de moi, je prends bien soin de mon enfant intérieur."*
- **17:** Tapotez votre menton : *"Lorsque je me manifeste de l'amour à moi-même, j'aime aussi mon enfant intérieur."*
- **18:** Tapotez la région du cœur ; tapotez sous l'aisselle, du côté des côtes : *"Lorsque je me montre compatissant, je suis également compatissant envers mon enfant intérieur."*
- **19:** Tapotez le sommet de votre tête : *"Je libère les traumatismes et les tensions de mon corps et de mon esprit."*
- **20:** Tapotez votre front au-dessus de votre sourcil intérieur droit : *"Je les libère de chaque os et de chaque muscle de mon corps."*
- **21:** Tapotez votre tempe droite : *"Je n'aurai plus à porter ce bagage émotionnel. Il est parti pour toujours."*
- **22:** Tapotez votre pommette ; tapotez votre lèvre supérieure. *"Je me sens tellement libre lorsque je relâche toute la douleur et la tension."*
- **23:** Tapotez votre menton : *"J'ai hâte de voir ce que l'avenir me réserve. Je suis enthousiaste à l'idée des jours qui m'attendent, maintenant que je me comprends mieux et que je suis en contact avec moi-même et avec mon enfant intérieur."*

- **24 :** Tapotez la région du cœur ; tapotez l'aisselle : *"Je n'ai plus peur, je ne doute plus de moi et j'ai hâte de voir comment le nouveau moi va affronter le monde."*
- **25 :** Ensuite, arrêtez-vous et prenez un moment pour vous détendre. Inspirez profondément, puis expirez.

Voilà votre exercice de tapotement qui, nous l'espérons, vous a été très utile. Si vous vous sentez dépassé par ces exercices, demandez à un thérapeute professionnel de vous aider en toute sécurité. Il est souvent utile de visualiser l'enfant qui est en vous lorsque vous faites ces exercices. Si vous avez une photo de vous lorsque vous étiez enfant, cela peut parfois aider à la visualisation. Vous pouvez alors imaginer que vous aimez cet enfant et que vous voulez le protéger. La prochaine fois que vous aurez envie d'être dur avec vous-même, de vous juger ou d'être hypercritique, vous pourrez regarder la photo et l'innocence de l'enfant. Ces sentiments de vouloir aimer et protéger cet enfant, de le guider, de le soutenir et de l'encourager devraient réapparaître. Il est conseillé de répéter l'exercice aussi souvent que possible. Le faire une seule fois n'aura probablement pas l'effet extraordinairement bénéfique d'une pratique quotidienne. Trouvez un endroit confortable et paisible pour quelques minutes dans votre journée et faites votre exercice de tapotement. Soyez enthousiaste à l'idée des résultats positifs et puissants que les tapotements EFT peuvent vous apporter. N'oubliez pas que vous pouvez adapter les phrases à votre situation particulière.

LA HONTE

Il est terriblement facile de ressentir de la honte. Vous avez l'impression de ne pas être à votre place parmi les personnes que vous côtoyez. Vous avez l'impression que personne ne vous comprend ou ne pourra jamais vous comprendre. La honte peut également résulter de situations beaucoup plus graves, comme la maltraitance ou la négligence, où la victime finit par avoir honte (alors que c'est l'auteur qui devrait avoir honte de ses actes) de ce qui lui est arrivé et du fait qu'elle l'a laissé faire. Même si, en réalité, elle n'aurait rien pu faire pour l'empêcher. Les personnes qui sont mises à l'écart à l'école ou qui subissent des brimades peuvent souvent éprouver un sentiment de honte. Pour guérir de la honte, il faut reconnaître les besoins sous-jacents à ce sentiment.

Elle n'arrive pas toute seule non plus. La honte se développe à travers les interconnexions avec les autres et l'environnement dans lequel nous vivons. Cela signifie que nous devons nous rendre compte que nous ne sommes pas seuls au monde. Nous sommes tous en train de faire un voyage, de travailler sur ce que signifie être humain. Aucun d'entre nous ne le comprend vraiment ou ne le maîtrise parfaitement. Il est important de s'arrêter et de l'apprécier.

La honte survient le plus souvent lorsque nos attentes en matière de bonheur et de joie ne sont pas satisfaites. Par exemple, un enfant réalise quelque chose pour un parent qui ne s'y intéresse pas du tout, ou vous racontez une blague à vos amis et personne ne rit (il n'est pas étonnant que les humoristes soient connus pour avoir parfois des problèmes de santé mentale). La honte peut se manifester sous la forme de rougissement et de timidité, mais aussi d'humiliation et d'embarras. Par conséquent, les brimades et le dénigrement peuvent être à l'origine de la honte. Comme indiqué précédemment, la honte peut certainement résulter d'un événement aussi pénible qu'une maltraitance ou une négligence, mais elle peut également résulter de l'accumulation d'épisodes moins importants (mais non moins authentiques).

Cela ne veut pas dire que nous ne devrions jamais avoir honte. La honte a sa raison d'être. Sans elle, nous ne pourrions jamais nous rendre compte que nous avons fait quelque chose de mal et nous ne serions pas capables de nous imposer dans la société. Mais lorsque la honte devient un traumatisme, elle ne remplit plus sa fonction. Si elle n'est pas traitée et qu'on la laisse s'envenimer, elle peut déboucher sur la toxicomanie et la dépression, entre autres. Les personnes qui ressentent une telle honte extrême ont généralement du mal à nouer des relations, car elles s'attendent de toute façon à être rejetées, et font donc de leur mieux pour sortir l'autre personne de leur vie en premier. En outre, les personnes qui en souffrent peuvent se sentir très en colère. Par conséquent, une personne qui tente d'entretenir une relation, quelle qu'elle soit, avec une personne dont la première réaction est de se mettre sérieusement en colère, voire de se livrer à des actes de violence, n'est généralement pas une priorité dans la vie. La honte peut évidemment entraîner des sentiments d'insécurité et d'inadéquation, ce qui peut se traduire par des actes d'automutilation et des pensées suicidaires. Une personne constamment critiquée peut finir par essayer d'être un perfectionniste qui ne parvient jamais à atteindre la perfection qu'il recherche, ou peut finir par présenter des symptômes de troubles obsessionnels compulsifs (TOC). La honte n'entraîne pas seulement des problèmes mentaux, mais aussi des problèmes physiques. Une personne souffrant d'une grande honte peut avoir une mauvaise posture, regarder toujours vers le bas et ne regarder personne dans les yeux, souffrir de fatigue ou d'une oppression thoracique, avoir envie de vomir ou avoir des problèmes de digestion ou d'estomac.

C'est là, bien sûr, que la thérapie somatique entre en jeu. Elle peut aider à traiter les symptômes mentaux et physiques de la honte. En prenant conscience de ce que votre corps vous dit, vous réaliserez probablement que la tension dans votre corps est liée à la honte que vous ressentez dans votre vie quotidienne. En pensant aux épisodes de votre vie qui ont pu contribuer à cette honte et en les traitant, en les libérant et en lâchant prise, ces épisodes deviennent des signaux de force pour vous plutôt que quelque chose qui vous rend faible et craintif.

La honte est presque toujours liée à ce qui s'est passé dans l'enfance. Les insécurités, les doutes, les peurs et le manque d'estime de soi que vous ressentez aujourd'hui trouvent probablement leur origine dans votre enfance. Si vous êtes constamment réprimandé pour la moindre erreur de jugement, il n'est pas surprenant que vous grandissiez en pensant que tout ce que vous faites est mal ou qu'il y a quelque chose qui ne va pas chez vous. Si vous êtes victime de brimades, vous risquez de développer des sentiments tels que "Pourquoi moi ? Il doit y avoir quelque chose qui ne va pas chez moi". Évidemment, les expériences véritablement traumatisantes, comme les abus et la négligence, peuvent faire ressortir ces sentiments d'une manière beaucoup plus extrême.

Si nous savons que nos sentiments de honte à l'âge adulte sont profondément enracinés dans notre enfance, nous savons que la guérison de l'enfant intérieur peut, à son tour, guérir notre honte. Parmi les meilleures techniques et thérapies pour y parvenir, citons la TCC, qui nous permet d'apprendre à contrôler et à modifier nos comportements et schémas de pensée. Ainsi, au lieu de penser à des insultes à notre égard, nous pouvons apprendre à avoir des pensées positives et réaffirmer que nous sommes bons et capables de bonnes choses.

L'exposition prolongée (EP) peut être une bonne forme de thérapie pour traiter ce problème. Lentement, une personne prête attention à des choses qui la stimulent et l'amènent à aborder le problème. Peut-être commencez-vous par une photo de vous enfant, puis discutez de la honte de votre enfance. Ensuite, vous vous imaginez dans un endroit qui vous rappelle cette honte. Lentement mais sûrement, cela vous enlèvera le pouvoir que la honte a sur vous.

L'entraînement à l'inoculation du stress peut être une bonne thérapie. Plutôt que le stress lui-même, elle utilise la même formation pour contenir et contrôler votre honte. Elle peut inclure des techniques de respiration et de relaxation musculaire, des jeux de rôle, la prise en compte des pensées négatives et leur modification. Il existe également une formation à l'esprit de compassion (CMF), qui peut aider une personne qui parle d'elle-même de manière négative à modifier son comportement et à faire preuve de compassion et de gentillesse à son égard et à l'égard de son enfant intérieur.

L'EMDR est une autre bonne méthode à suivre. Le fait de penser à votre honte et à toutes les blessures que votre enfant intérieur a subies pendant que vous effectuez les mouvements oculaires peut vous aider à soulager votre honte et à commencer à guérir votre enfant intérieur.

Cependant, l'une des techniques les plus puissantes pour guérir la honte et votre enfant intérieur est le tapotement EFT. C'est l'une des meilleures techniques parce qu'il n'est pas nécessaire de revivre sans cesse les souvenirs de la honte. Il suffit de se les remémorer suffisamment pour les libérer. L'EFT est, par essence, un processus de guérison et non un juke-box de souvenirs. La combinaison d'affirmations positives et de tapotements sur les points d'énergie de votre corps peut être exceptionnellement puissante et vous procurer un véritable sentiment de soulagement et de libération de votre honte, en vous faisant réaliser que votre enfant intérieur a besoin d'amour. Comme votre enfant intérieur fait partie de vous, c'est vous qui pouvez le mieux lui apporter cet amour et ce soutien.

Voici un exercice de tapotement EFT spécifique pour vous aider à apprendre à guérir non seulement votre honte mais aussi votre enfant intérieur. Vous n'êtes pas obligé de répéter l'affirmation si elle ne vous concerne pas. Nous avons tous vécu des expériences différentes, alors si les affirmations ne vous conviennent pas, remplacez-les par ce qui vous semble le plus approprié à l'expérience que vous avez vécue et à la honte que vous ressentez.

- **1:** Commencez par tapoter le côté de votre main et dites : *"Je n'ai peut-être pas reçu l'amour et la confiance dont j'avais besoin lorsque j'étais enfant, mais je continue à m'aimer et à m'accepter. Même si j'ai l'impression de ne pas être à la hauteur, que je m'insulte et que je doute de moi, je m'aime et je m'accepte de tout cœur. "*
- **2:** Tapotez le sommet de votre tête, votre front au-dessus de votre sourcil intérieur droit, le côté de votre tempe, votre pommette, votre lèvre supérieure sous votre nez, votre menton, la région de votre cœur et sous votre aisselle du côté de vos côtes. Effectuez ce cycle

environ huit fois tout en prononçant les paroles suivantes :

Il se peut que je ne me sois pas senti soutenu lorsque j'étais enfant ou que je n'aie pas eu l'impression que quelqu'un était en permanence là pour moi. Je n'ai peut-être pas eu l'impression qu'il y avait quelqu'un pour me protéger et j'ai peut-être subi de terribles actes. J'ai toujours pensé que quelque chose n'allait pas chez moi ou que tout ce que je faisais était mal. J'ai toujours pensé que je méritais les mauvaises choses qui m'arrivaient. À l'époque, je n'en savais tout simplement rien.

Je dis des choses négatives sur moi-même. Il m'arrive d'être tellement gêné par moi-même que je me déteste. Parfois, je me vois dans le miroir et je n'aime vraiment pas ce que je vois. Quand je pense à ma vie, j'ai l'impression de n'avoir rien accompli et que tout ce que j'ai fait ne sert à rien. Je me donne des attentes irréalistes et des objectifs à atteindre. J'ai l'impression que je ne vois pas l'intérêt de quoi que ce soit. Ce sont des choses que j'ai intégrées dans mon être depuis mon plus jeune âge. Bien que ce soit ce que j'ai appris lorsque j'étais enfant, j'ai maintenant appris que ma croyance selon laquelle je ne suis pas digne est totalement fausse.

En tant qu'enfant, je n'en savais rien, et j'ai donc cru que c'était vrai pendant de nombreuses années ; ce mensonge influence encore ma vie aujourd'hui. Lorsque ces pensées me viennent à l'esprit, je me sens très déprimé et triste. Je dois avoir la force et le courage de changer ces pensées comme je le pense. Maintenant que je suis adulte, je sais que ces pensées ne sont pas la vérité. Mon esprit peut maintenant s'en rendre compte, et les tapotements que je fais maintenant le diront à mon cœur et au reste de mon corps. Je sais que toutes ces pensées que j'avais à mon sujet sont fausses et erronées, mais elles me donnaient l'impression que quelque chose n'allait pas chez moi et que personne ne pouvait m'aimer.

Je ne serai jamais assez bien pour quelqu'un d'autre. Tout cela est faux. Je n'ai plus à porter le bagage émotionnel que les personnes qui s'occupaient de moi m'ont transmise. La honte que les personnes qui s'occupaient de moi possédaient et m'ont transmise ne va pas plus loin. Elle s'arrête ici. Elles peuvent garder la honte. Je la rejette. Il est acceptable que je ne sois pas parfait à tous points de vue et que j'aie des défauts. C'est cela être humain. Je m'aime et je m'accepte, avec mes défauts et tout le reste. La honte que j'aie ressentie autrefois n'a plus d'emprise sur moi. Lorsque je me libère de la honte, je me sens libre et soulagé. Je me réjouis de la nouvelle relation que j'entretiens avec moi-même.

- **3:** Inspirez profondément, expirez et détendez-vous.

FIXER DES LIMITES SAINES AVEC DES COMPÉTENCES SOMATIQUES

Fixer des limites peut être essentiel pour vous aider à guérir et à vous remettre d'un traumatisme. Ce sont les mécanismes qui vous séparent des autres. C'est ce qui vous aide à vous définir en tant que personne - où vous commencez et où vous finissez. Les limites sont conçues pour être flexibles. Lorsque vous vous sentez en sécurité, vous êtes plus enclin à étendre ces limites, et lorsque vous ne vous sentez pas en sécurité, vous les restreignez et les resserrez. Vous pouvez comprendre l'importance de ce point. Si vos limites sont trop libres, vous finissez par vous donner aux autres et il peut être facile de vous perdre. Au contraire, si vos limites sont trop restreintes, vous risquez de vous isoler du reste du monde et de vous sentir seul.

Comme la plupart des choses, nos limites ont été apprises à partir de la façon dont les personnes qui s'occupaient de nous réagissaient lorsque nous étions enfants. Ils doivent s'engager avec nous lorsque nous avons besoin d'engagement et nous laisser seuls lorsque nous avons besoin d'espace. Ce n'est pas toujours un problème si les personnes qui s'occupent de nous ne s'engagent pas : Cela peut aider l'enfant à renforcer sa détermination et sa capacité à faire face. Cependant, il y a trois domaines principaux dans lesquels les personnes qui s'occupent d'enfants dépassent les bornes, ce qui peut causer des problèmes :

- **1: Invasion :** Il s'agit du cas où la personne qui s'occupe de l'enfant, au lieu de le laisser s'isoler, fait le contraire. Peut-être parce qu'il a besoin de son réconfort, et non pour des raisons malveillantes, mais cela peut conduire un enfant à grandir et à établir des limites très fermées, à se replier sur lui-même et donc, potentiellement, à s'isoler.
- **2: Abandon :** C'est le contraire de l'invasion. Les personnes qui s'occupent de l'enfant ne répondent pas à ses besoins ou à ses souhaits d'engagement. À l'âge adulte, cela peut se traduire par des limites trop libres. Une personne finira par essayer de plaire à tout le monde, peut-être en essayant toujours de faire des choses pour attirer l'attention, et elle peut se perdre dans cette situation.
- **3: Invasion et abandon à la fois :** Dans ce scénario, la personne qui s'occupe de l'enfant alterne de manière incohérente les deux. Cela peut vraiment causer des

problèmes, car parfois la personne peut essayer de trop plaire aux gens, et parfois, elle finit par repousser tout le monde. Il est déjà difficile d'entretenir une relation avec une personne qui fait constamment l'une ou l'autre de ces choses. Mais si elle fait les deux, parfois au hasard, cela ne peut que lui compliquer la vie, ainsi qu'à ceux qui l'entourent.

Je n'aime pas vraiment étiqueter les gens. J'ai toujours pensé qu'il y avait probablement une part de vérité dans la théorie de l'étiquetage social de Becker, mais par souci de clarté, je vais parler de personnes "toxiques" - même si je suis sûre que ce sont de bonnes personnes au fond, et qu'elles n'ont tout simplement pas eu leurs propres limites. Nous connaissons tous des personnes de ce type : Les personnes qui ont des pensées et des sentiments négatifs sont celles qui semblent toujours trouver un moyen de nous rabaisser ou de nous laisser tomber. Fixer des limites est un moyen de ne pas avoir de telles personnes dans votre vie si vous n'en voulez pas. Si vous avez établi des limites saines, ces personnes ne devraient pas vous approcher. De même, les conflits et les situations délicates dans lesquels vous pouvez vous retrouver peuvent être évités grâce à la mise en place de limites. Si ces limites sont fixées, vous et les autres savez à quoi vous en tenir, et les conflits ne devraient pas être quotidiens.

Les compétences somatiques peuvent être extraordinairement utiles pour fixer et maintenir des limites. Tout d'abord, vous commencerez à développer votre conscience corporelle. Vous commencerez à découvrir votre "sensation ressentie". Cela vous aidera énormément à savoir si les choses vous semblent correctes ou non et si vous devez renforcer vos limites. Vous prendrez également conscience de vos propres processus de pensée. Alors qu'auparavant, vous pouviez automatiquement faire ou dire quelque chose qui aurait permis à quelqu'un de profiter de vous ou qui vous aurait poussé à vous retirer alors que quelqu'un essayait seulement de vous aider, maintenant, vous serez conscient de ce que vous faites et de la manière dont vous vous comportez. Cela peut vous empêcher de commettre les mêmes erreurs lorsqu'il s'agit de vos limites.

L'une des compétences les plus importantes à acquérir pour fixer vos limites est la capacité à dire "non" - pas seulement à demi-mot, mais de manière à ce que l'autre personne sache que vous ne changerez pas d'avis. Ne dites pas automatiquement "oui". Réfléchissez toujours à votre réponse et n'oubliez pas d'écouter ce que vous ressentez. Vous pouvez commencer par de petites choses comme dire "non" à une sortie le vendredi soir parce que vous êtes épuisé et que vous avez vraiment besoin d'une nuit à la maison. Ou dire "non" à une personne à qui vous avez prêté de l'argent et qui ne vous a jamais remboursé. Ce n'est pas un prêt : Vous lui donné simplement de l'argent. La prochaine fois, ne le faites pas. Bien sûr, les gens sont déçus lorsque vous dites non - c'est inévitable, mais cela ne signifie pas que vous devez céder. Vous décevrez les gens, mais ils vous respecteront davantage et, la prochaine fois que vous direz "oui", ils sauront que vous le pensez vraiment et ils cesseront de vous le demander inutilement à l'avenir.

Cela nous amène à ce à quoi vous devez dire un "oui" définitif, à savoir votre engagement à guérir et à prendre soin de vous. Si vous faites passer vos besoins en premier, si vous vous respectez et si vous vous aimez, il vous sera plus facile de dire "non" aux autres. Dites "non" aux autres, mais "oui" à vous-même.

Voici un exercice qui vous aidera à fixer vos limites, à dire "oui" et "non" et à vous assurer que votre corps dit la même chose.

EXERCICE DE LIMITES N° 1

Tout d'abord, observez ce qui se passe dans votre corps lorsque vous dites "oui" à haute voix. Répétez l'opération plusieurs fois et observez ce que vous remarquez. Maintenant, essayez de dire "oui" avec votre corps. Qu'est-ce qui change ? Peut-être est-ce votre respiration ou votre posture. Vos mouvements sont-ils libres ? Vous sentez-vous tendu ? Réfléchissez aux situations dans lesquelles vous aimeriez pouvoir dire "oui" et notez-les. Par exemple, voulez-vous faire un exercice de définition des limites ? "Oui !

Procédez ensuite de la même manière pour dire "non". Notez comment votre corps réagit lorsque vous dites "non" à haute voix plusieurs fois. Ensuite, essayez de dire "non" simplement avec votre corps et observez les changements qui se produisent dans votre corps. Réfléchissez aux situations dans lesquelles vous aimeriez pouvoir dire "non". Par exemple : "Tu veux encore sortir ce soir ?"

Prenez l'une des situations où vous avez dit que vous aimeriez dire "oui", adoptez la posture corporelle qui consiste à dire "oui" et notez ce qui se passe lorsque vous imaginez ce scénario. Ensuite, faites de même avec une situation à laquelle vous voulez dire "non".

En fin de compte, vous devriez savoir comment vous assurer que votre corps et votre voix disent la même chose et être vraiment clair sur ce que vous communiquez.

8

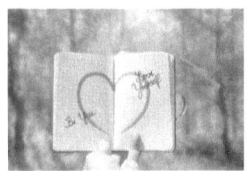

L'ANXIÉTÉ, L'AMOUR DE SOI, L'AUTOCOMPASSION ET LA DÉPRESSION ECRASANTE

Tout ce qui est mentionné dans ce titre, la thérapie somatique peut l'aborder et le résoudre. Si vous constatez que vous souffrez d'anxiété, la thérapie somatique peut la traiter. Si vous souffrez de dépression, la thérapie somatique peut la réduire en poussière. Si vous avez désespérément besoin d'apprendre à faire preuve d'amour et de compassion envers vous-même, la thérapie somatique peut vous montrer comment faire et vous aider à y parvenir. Voulez-vous être capable de vous pardonner d'avoir fait des choses que vous considérez comme mauvaises ? La thérapie somatique peut vous aider à libérer votre âme de toute négativité. La thérapie somatique, c'est comme trouver une fontaine d'eau au milieu d'un désert. Vous avez soif de vous guérir, et la thérapie somatique va étancher cette soif pour vous.

Il est cependant difficile d'aller de l'avant si l'on ne se donne pas de répit. Vous devez être capable de vous pardonner. Personne n'est parfait, y compris vous. Vous avez commis des erreurs et des fautes dans la vie, mais c'est le cas de tout le monde. Cela fait partie de l'expérience humaine. Si vous ne trouvez pas de place dans votre cœur pour vous pardonner, vous ne franchirez jamais le premier obstacle. Vous éprouverez toujours du ressentiment. Vous aurez toujours tendance à vous mettre en colère et à vous en prendre à vos proches. Vous ne parviendrez jamais à réaliser ce que vous voulez dans la vie ou à atteindre votre potentiel maximal. Vous devez faire le vide dans votre cœur et vous pardonner ; ensuite, vous pourrez commencer à regarder toutes les opportunités passionnantes qui s'offrent à vous dans la vie.

Vous devez également pratiquer le détachement par rapport aux résultats. Une fois que vous l'aurez fait, cela vous aidera à libérer votre cœur, à vous pardonner et à avoir une chance d'atteindre votre potentiel maximal. Mieux encore, vous pourrez profiter de la vie au lieu de vous en préoccuper en permanence ! J'ai découvert que lorsque je pratiquais le détachement, cela me libérait vraiment de beaucoup de stress et de soucis sur lesquels je me concentrais auparavant. Réalisez que vous ne pouvez pas contrôler les autres. Les gens vous laisseront tomber et feront des choses avec lesquelles vous n'êtes pas d'accord. C'est la vie, j'en ai bien peur. Vous ne pouvez pas réparer ces personnes. La seule personne que vous pouvez "réparer", c'est vous-même. Vous n'avez pas besoin d'être réparé parce qu'il n'y a rien qui cloche chez vous ; vous avez besoin d'être guéri. Les seules actions de la personne que vous contrôlez sont les vôtres.

Trouvez votre propre version du bonheur. N'écoutez pas les autres vous dire si vous devriez être heureux ou non, ou essayer de définir vos réussites ou votre manque de réussite. C'est à vous de décider à quoi ressemble le vrai bonheur, et à personne d'autre. Cependant, vous devez également vous détacher de l'idée que tout doit se dérouler d'une certaine manière, car ce n'est pas le cas. Il arrive souvent que l'on planifie un événement et qu'un événement totalement indépendant de notre volonté vienne changer la donne. La pandémie en est un excellent exemple. Tous nos plans ont été réduits à néant à cause d'un événement indépendant de notre volonté. Acceptez-le : Les choses ne doivent pas nécessairement se dérouler d'une certaine manière ou d'une manière parfaite. Une fois que vous l'aurez accepté, vous vous sentirez vraiment libre de profiter de la vie et de l'apprécier. En outre, vous ne serez probablement plus aussi dur avec vous-même à l'avenir. Vous ne vous contenterez pas de profiter de la vie et de l'apprécier, mais vous apprécierez d'être vous-même.

Offrons-nous un peu d'amour de soi en faisant un petit exercice de tapotement EFT :

- **1:** Commencez par tapoter le côté de votre main en disant : "Je m'accepte tel que je suis. Je m'aime pour ce que je suis. Je me respecte et j'attends des autres qu'ils me respectent également. Je m'aime pleinement. J'ai de la valeur. Je vaux quelque chose. Je suis suffisamment bon. Je mérite d'être aimé et d'avoir de l'amour. Je m'aime sincèrement et je promets de m'aimer et de me respecter. Je m'accepte comme la personne que je suis."
- **2:** Tapotez l'intérieur de votre front au-dessus du sourcil droit ; tapotez le côté de votre tempe ; tapotez votre pommette : "Je m'aime complètement. Je me respecte et je crois que j'ai une grande valeur."
- **3:** Tapotez votre lèvre supérieure ; tapotez votre menton ; tapotez sous votre aisselle du côté de vos côtes : "S'aimer soi-même est une chose magnifique. Penser que je ne pourrais pas m'aimer n'est plus une option."
- **4:** Tapotez le sommet de votre tête, votre front, votre tempe, votre pommette, votre lèvre supérieure, votre menton, la région de votre cœur et sous votre aisselle : "Certains de mes comportements étaient probablement dus à cette croyance erronée que je ne pouvais pas m'aimer. Mais aujourd'hui, mon esprit et mon cœur sont ouverts au potentiel de l'amour de soi. J'ai peut-être eu peur de m'aimer auparavant, mais je rejette cette idée maintenant. Je n'ai pas peur. Je suis prêt à m'aimer".
- **5:** Tapotez le sommet de votre tête ; tapotez votre front ; tapotez votre tempe ; tapotez votre pommette : "Je trouve qu'en fait, plus je m'aime, plus je m'aime davantage."

- **6:** Tapotez votre lèvre supérieure ; tapotez votre menton : "En m'aimant moi-même, je trouve qu'il est plus facile d'aimer les autres."
- **7:** Tapotez la région du cœur ; tapotez sous l'aisselle : "Cela me rend heureux. C'est pourquoi j'aime m'aimer moi-même."
- **8:** Tapotez le sommet de votre tête ; tapotez votre front ; tapotez votre tempe. "Je rejette toutes les pensées que j'ai eues auparavant et qui m'ont fait croire que je ne pouvais pas m'aimer."
- **9:** Tapotez votre lèvre supérieure ; tapotez votre menton ; tapotez votre région du cœur ; tapotez votre tête : "Je nettoie mon cœur et je me pardonne pour pouvoir m'aimer."
- **10:** Tapotez sous votre aisselle : "Je m'aime et je m'estime. Je mérite le respect. Je m'aimerai parce que je mérite l'amour."
- **11:** Inspirez profondément, expirez et détendez-vous.

Pour accompagner l'amour de soi, il faut de l'autocompassion. Voici donc un exercice de tapotement EFT pour l'autocompassion. Je vous suggère de faire le cycle de tapotements environ trois fois tout en prononçant les mots ci-dessous :

> Je ferai preuve de compassion envers moi-même. Je m'aime et je m'accepte tel que je suis. Je m'aime ; par conséquent, je serai compatissant envers moi-même. Puisque j'ai de la compassion pour moi, je m'occuperai de moi et je prendrai soin de moi. Je m'aime de tout mon cœur. Je libère mon cœur, prêt à accueillir la compassion que j'ai maintenant pour moi-même. Je rejette toutes les pensées et les raisons que j'avais auparavant et qui m'empêchaient d'être compatissant envers moi-même. Je libère mon esprit et mon corps de

ces pensées et sentiments négatifs. C'est une bonne chose pour moi de faire preuve de compassion envers moi-même. Cela me rendra plus sain, à la fois dans mon esprit et dans mon corps, et fera de moi une meilleure personne. Si je suis compatissant envers moi-même, je serai plus enclin à faire preuve d'une véritable compassion envers les autres. Je refuse de parler de moi de manière négative ou de me rabaisser. Je me rends compte aujourd'hui que ce n'était pas une façon saine d'être. La prochaine fois que je commettrai une erreur de jugement ou une faute, je ferai preuve de compassion. Je mérite d'être compatissant envers moi-même et je le serai.

Inspirez profondément, expirez et détendez-vous.

Nous nous sommes donnés de l'amour pour nous-mêmes et de la compassion, et il est maintenant temps de nous pardonner. Si nous ne pratiquons pas cela, nous serons toujours en colère contre nous-mêmes et contre le monde. Commençons la guérison et pardonnons-nous à nous-mêmes. Répétez le cycle de tapotements environ trois fois tout en disant :

Je veux me pardonner complètement. J'ai honte de ce que j'ai dit ou fait dans le passé. Je veux me libérer de la culpabilité et de la tension que j'éprouve et me sentir libre. Je peux me pardonner. Pour lâcher prise et être libre, j'ai besoin de me pardonner. Je m'aime et je m'accepte de tout cœur, et je me pardonne. Si je m'aime, je peux donc me pardonner. Si je veux prendre soin de moi, je dois me pardonner. Je mérite le pardon, même si je lutte parfois contre cette conviction. Je m'aime inconditionnellement, c'est pourquoi je me pardonne. Quoi que j'aie fait dans le passé, j'en accepte la responsabilité. J'ai appris des erreurs que j'ai commises dans le passé. Maintenant, je me pardonne et je passe à autre chose. Je me réjouis de prendre un nouveau départ maintenant que je me suis pardonné - de vivre une vie plus heureuse et plus saine et d'être capable de me pardonner et de pardonner aux autres avec facilité. Je m'accepte tel que je suis et je me pardonne. Je me pardonne pleinement. Je suis une bonne personne. Je me pardonne et je suis en paix avec moi-même.

Inspirez profondément, expirez et détendez-vous.

Je sais que les mots "amour de soi" peuvent faire surgir des images de personnes portant des lunettes de soleil rondes et violettes et des fleurs dans les cheveux, ou vous faire penser qu'il s'agit d'un euphémisme quelconque. Pourtant, ce n'est pas pour rien que la phrase "On ne peut pas aimer quelqu'un d'autre tant qu'on ne s'aime pas soi-même" existe. Le fait est que tant que l'on ne s'aime pas soi-même, il est beaucoup plus difficile de traiter avec le reste du monde. Si vous vous détestez, il est presque inévitable que vous vous mettiez en colère contre vous-même et contre tout le monde, parce qu'il faut bien trouver un exutoire pour évacuer cette colère. Si vous ne vous aimez pas, vous ne vous respectez pas et vous ferez toujours passer les besoins et les désirs de quelqu'un d'autre avant les vôtres. Si c'est dans le travail, cela vous conduira probablement à l'épuisement professionnel. S'il s'agit d'une relation, votre personnalité et votre individualisme seront probablement complètement absorbés par votre partenaire. Si vous vous aimez, lorsque les mauvaises choses de la vie arrivent (et elles arrivent - on ne peut pas échapper à certaines d'entre elles, comme la mort d'un être cher), vous êtes beaucoup mieux équipé pour faire face aux situations de manière saine et ne pas avoir recours à des moyens malsains pour les surmonter. Une fois que vous avez développé l'amour de soi, tout le reste en découle : le respect, la valeur, la confiance et la foi ; les autres choses dont nous avons parlé, comme la compassion et le pardon envers vous-même, deviennent tellement plus faciles.

Bien sûr, il n'est pas facile d'en arriver là. Il y a tellement de blocages et d'obstacles qui nous empêchent d'y parvenir. Il s'agit de tous les discours négatifs et des croyances limitatives que nous plaçons devant nous-mêmes, en pensant que nous ne sommes pas assez bons, que nous ne sommes pas dignes d'être aimés et que nous n'arriverons jamais à rien. Nous devons débarrasser notre cœur et notre esprit de ces pensées et de ces sentiments pour progresser vers l'amour de soi.

Une fois que nous nous aimons, il devient possible de nous pardonner. Bien sûr, nous devons assumer la responsabilité, reconnaître et nous excuser pour les choses vraiment mauvaises que nous avons faites et dites. Cependant, si vous consultez ce livre, il est probable que vous vous en voulez alors que ce n'était pas votre faute. Comme le dit le proverbe, "il faut être deux pour danser le tango". Quelle que soit la situation - vous pensez avoir blessé ou contrarié quelqu'un - il faut être deux pour que cela se produise. Vous ne pouvez pas tout faire tout seul, donc tout ne peut pas être de votre faute. À moins que vous n'ayez dansé le tango et que vous ayez marché sur le pied de votre partenaire, c'est votre faute. Non, attendez : "Il faut être deux pour danser le tango."

Vous n'êtes pas seul non plus ; nous avons tous commis des erreurs et des jugements terribles au cours de notre vie. Nous prenons des milliers de décisions chaque jour, il est donc inévitable que certaines d'entre elles ne se passent pas aussi bien que nous l'aurions espéré. C'est la vie. Si vous parvenez à vous pardonner, vous serez véritablement transformé. Une fois que vous réalisez que tout n'est pas de votre faute, que tout n'est pas de votre fait et que tout n'est pas basé sur ce que vous faites, cela peut vraiment changer les choses pour vous. Malheureusement, tant que vous ne l'aurez pas fait, vous vous empêcherez probablement de vivre la meilleure vie possible. Il y aura toujours un élément d'auto-sabotage, mais une fois que vous vous serez pardonné et que vous aurez laissé tomber tous ces doutes et ces reproches, alors tout deviendra possible.

Réalisons un exercice de tapotement EFT pour effacer le blâme. Vous connaissez maintenant le résultat. Commencez par tapoter sur le côté de votre main. Parcourez ensuite le cycle, du sommet de la tête jusqu'au côté des côtes. Tapotez aussi longtemps que vous le souhaitez ou que vous en avez besoin. Dites ce qui suit :

> *J'ai honte de ce que j'ai fait et dit. C'était tellement bête de ma part. Je regrette beaucoup ce que j'ai fait et je me sens très coupable. J'aimerais pouvoir me pardonner, mais j'ai toujours l'impression que tout est de ma faute. Jusqu'à présent, je n'ai pas réussi à me déculpabiliser et à me pardonner. Aujourd'hui, cela change. Avec ce tapotement, je commence mon voyage pour libérer mon esprit et mon corps de la culpabilité et de la honte. Aujourd'hui, je me pardonne et je ne m'accroche plus à la culpabilité. Je m'aime et je m'accepte, alors je sais que je peux faire le pas vers le pardon. Tout n'est pas de ma faute ; tout n'arrive pas à cause de moi et de ma façon d'être. Je le sais maintenant. Je ne le savais pas avant. C'est pourquoi je n'ai pas pu me pardonner. Je vais maintenant me pardonner. Si je pouvais remonter le temps, j'aurais agi différemment, mais je sais que je suis humain. Ce qui m'a poussé à me comporter comme je l'ai fait a eu lieu, mais il est humain de se tromper. Pour cela, je peux me pardonner. Toute cette culpabilité, cette honte et ces regrets que j'ai retenus pendant toutes ces années, je leur donne maintenant la permission de se dissiper. Je les libère de mon corps et de mon esprit. Lentement et en toute sécurité, je me libère de tout cela. Je suis prêt à me pardonner. Je laisse aller toute ma culpabilité. Je libère ma culpabilité de ma tête et de mon cœur.*

Inspirez profondément, expirez et détendez-vous.

Même avec toutes ces promesses de pardon et d'amour de soi, il peut être difficile de dépasser un certain stade. En effet, nous sommes parfois en proie à un conflit interne. Nous voulons nous pardonner, mais quelque chose nous en empêche et nous dit : "Non, tu ne mérites pas d'être pardonné". En général, un conflit interne peut parfois simplement signifier que les choses ne vont pas bien en nous. Nous ne sommes pas en paix avec nous-mêmes ou avec quelqu'un d'autre. Si ce conflit interne n'est pas résolu, il peut se transformer en afflictions beaucoup plus graves telles que le désespoir et la dépression. Vous devez être en mesure de résoudre ce conflit intérieur pour pouvoir progresser.

Tout ce qui entoure ce chapitre - et l'ensemble du livre - concerne l'exploration et la découverte de soi. Il s'agit de savoir comment vous avez été programmé au fil des ans et comment on vous a imposé des croyances limitatives. Il s'agit de savoir comment vous pouvez apprendre à vous aimer, à vous accepter et à vous pardonner. Grâce à cette découverte de soi, vous comprendrez pourquoi vous vous êtes comporté comme vous l'avez fait et pourquoi vous avez éprouvé ces sentiments et ces émotions au fil des ans. Peut-être même découvrirez-vous de nouvelles émotions et de nouveaux sentiments dont vous ne soupçonniez même pas l'existence. Jusqu'à présent, vous avez, au mieux, fait du sur-place, gardant à peine la tête hors de l'eau. Vous n'avez pas eu l'occasion de saisir les opportunités de la vie et de réfléchir à ce que vous êtes vraiment censé faire. Il existe un mot en sanskrit, le dharma, qui signifie en quelque sorte le but de votre âme. Eh bien, dans votre voyage de découverte de soi, c'est vraiment l'occasion de trouver le but de votre âme et de votre vie. C'est l'occasion de donner à votre âme toute la nourriture et la bonté dont elle peut avoir besoin pendant que vous vous explorez et que vous vous aimez davantage. C'est l'occasion de découvrir ce que vous voulez vraiment faire et ce qui fera chanter votre âme. Saisissez le micro de la vie et chantez la chanson que votre âme vous demande. Tout cela peut être réalisé avec l'aide de la thérapie somatique. Elle peut vous guérir, vous aider à vous découvrir et à vous éloigner de l'anxiété et de la dépression pour atteindre un véritable lieu de bonheur et de paix. La thérapie somatique peut vous aider à réaliser tout cela et bien plus encore.

DÉPRESSION ET THÉRAPIE SOMATIQUE

La dépression peut durer des jours, des mois, voire des années. Il est difficile d'y faire face et de lutter contre elle lorsqu'elle survient. Elle peut être provoquée par n'importe quoi. Un changement radical dans votre vie ou un événement traumatisant peuvent être à l'origine de la dépression. Parfois, la dépression survient alors qu'il n'y a apparemment aucune raison - votre corps est probablement en train de rattraper le temps perdu des années après l'événement, ou quelque chose de minime a fait basculer votre corps. La dépression survient lorsque notre corps se met en mode "freeze" permanent ou même en mode "arrêt". Les femmes ont tendance à souffrir de dépression deux fois plus que les hommes ("Depressive Disorders", n.d.). Ce n'est peut-être pas si surprenant si l'on considère tout ce que leur corps et leur dynamique interne doivent subir par rapport aux hommes - combiné à la pression que les femmes s'imposent souvent pour "tout avoir" : une pression qui est totalement absente de la vie de la plupart des hommes.

Je me souviens d'une période de ma vie où j'ai vraiment lutté contre la dépression. C'était entre la fin de l'adolescence et le début de la vingtaine. Je m'en souviens très bien car, bien que je n'aie pas eu d'épisodes semblables depuis de nombreuses années, je suis toujours à l'affût de la réapparition des mêmes sentiments. Auparavant, le simple fait de sortir du lit me demandait un effort considérable. Si je sortais du lit avant midi, c'était un miracle. Une fois debout, je ne pouvais pas prendre la peine de me doucher, de me brosser les dents ou de m'habiller. Je voulais toujours être seule, car la compagnie d'autres personnes devenait insupportable. Vous pensez que personne ne voudrait être près de vous, et cela devient une prophétie auto-réalisatrice, car vous vous isolez de tous ceux qui voudraient vous aider et vous soutenir. Cela ne m'a pas empêché d'avoir ce genre de pensées où vous pensez que vous ne manqueriez à personne si vous n'étiez pas là, et que le monde serait probablement meilleur si vous n'étiez pas là. Peut-être seriez-vous plus heureux si vous n'étiez plus là parce que la vie est tout simplement trop douloureuse et vous demande trop d'efforts. Dans mon cas, je ne pense pas qu'il y ait eu un seul événement qui ait déclenché cela ; je pense qu'il y a eu beaucoup de choses sur une longue période de temps qui m'ont amené à ce point, et je pense que c'est parce que c'était une partie de ma vie où tout changeait aussi. Je me demandais souvent qui j'étais. Les mots ne suffisent pas à décrire à quel point la dépression est sombre et solitaire, mais je ne me sens plus comme ça aujourd'hui - c'est le point positif. Si vous pouvez y remédier, la dépression n'a pas à durer éternellement. Il y a une raison pour laquelle notre corps et notre esprit tombent en dépression, ce qui signifie qu'il y a un moyen d'en sortir. Ce moyen peut être la thérapie somatique.

Les chapitres précédents nous ont appris qu'il existe de nombreuses techniques de thérapie somatique que vous pouvez essayer si vous vous sentez déprimé. Vous pouvez utiliser la TCC pour remettre en question vos schémas de pensée. Vous pouvez vous interroger sur toutes ces pensées que vous avez constamment et qui décrivent le pire résultat ou état possible. Réfléchissons au degré de réalisme de ces pensées et voyons si nous pouvons changer notre mode de pensée. La stimulation du nerf vagal peut également être une bonne méthode. Il existe des versions plus extrêmes où l'on utilise des électrodes pour stimuler le nerf plutôt que les doigts, mais une simple stimulation du nerf vagal activera votre système d'engagement social. Ensuite, vous pouvez passer à une humeur plus ludique en jouant sur les expressions de votre visage, le ton de votre voix et en essayant de faire disparaître ce nuage noir qui plane au-dessus de vous, pour permettre au soleil de faire son apparition.

Vous pouvez suivre quelques techniques simples qui aident vraiment à lutter contre la dépression. L'une d'entre elles consiste à se mettre dans des postures ou des positions qui allongent la colonne vertébrale. Le chapitre suivant mentionne les pratiques de yoga somatique, qui comprennent des postures utiles à cet égard. Lorsque nous sommes déprimés, notre corps a tendance à se recroqueviller et notre poitrine à s'affaisser quelque peu, c'est pourquoi le fait d'allonger la colonne vertébrale aide à améliorer l'état d'esprit et les perspectives. Il ne s'agit pas d'un remède permanent, mais il peut être bénéfique parmi tous les autres travaux somatiques.

Le mouvement est également une bonne chose pour vous aider si vous vous sentez déprimé. Le simple fait de se lever de sa chaise et de se mettre debout peut faire une petite différence. Néanmoins, si vous faites quelques exercices de base, de petits mouvements de yoga, du Qigong ou simplement des exercices de tension et de relâchement musculaire – tous deux abordés au chapitre 9 – cela peut vraiment vous remonter le moral et vous aider à vous sentir un peu mieux dans votre peau.

La psychothérapie sensorimotrice, que je vous ai présentée au chapitre 6, peut être un outil pratique dans la lutte contre la dépression. Prenez le temps de sentir votre corps et de vous poser des questions sur ce que vous ressentez. Le simple fait de prendre le temps de connaître votre corps et le monde qui vous entoure peut stimuler votre système nerveux et l'aider à produire de l'énergie positive.

ANXIÉTÉ, DÉCLENCHEURS, RÉDUCTION DU STRESS ET THÉRAPIE SOMATIQUE

L'anxiété est une forme d'inquiétude extrême qui se traduit par un stress exceptionnel, une respiration saccadée, l'impression d'être sur le point de faire une crise de panique, des maux d'estomac ou des démangeaisons cutanées. Les réactions physiques à l'anxiété varient d'une personne à l'autre, mais l'angoisse mentale est similaire : vous avez peur ou vous êtes inquiet à propos de quelque chose ou d'une situation. Les déclencheurs sont ce que votre mémoire associe au danger, qu'il s'agisse d'une personne, d'un événement ou d'un objet. Par exemple, j'avais une amie qui était propriétaire, et un locataire lui a causé un gros mal de tête. Après le départ de ce locataire, mon amie a commencé à avoir très peur de tout ce qui concernait l'appartement. Elle a commencé à imaginer toutes sortes de problèmes avec l'appartement qui n'existaient pas en réalité, mais ce n'était pas l'appartement qui était le véritable danger - c'était le comportement de personnes imprévisibles qui avait été le véritable danger. L'appartement en lui-même était très bien.

Je connais quelqu'un qui a subi une chimiothérapie. Elle a fêté la fin de sa première cure en mangeant du poisson et des frites, sans se rendre compte que la chimiothérapie risquait de la rendre malade plus tard. En effet, elle a été "malade" après avoir mangé du poisson et des frites. Par la suite, elle ne pouvait plus supporter le poisson et les frites pendant très longtemps, non seulement parce qu'ils l'avaient rendu malades, mais aussi parce qu'ils lui rappelaient la chimio et, par conséquent, le cancer. Ces déclencheurs peuvent fonctionner pour des objets et des choses très ordinaires, mais parce qu'ils sont liés au danger auquel la personne a été confrontée, le cerveau est effrayé et fait le lien entre les deux, tirant ainsi une conclusion erronée.

Je tiens à préciser que les déclencheurs ne sont pas une mauvaise chose. Ils jouent un rôle important en nous faisant prendre conscience d'un danger imminent. Le problème ne commence à se poser que lorsque le cerveau et le corps s'emballent et que l'on commence à être sensibilisé au danger alors qu'en fait, tout est parfaitement sûr. Cela peut devenir un cercle vicieux, où, dans l'exemple de l'appartement de mon ami, il en a peur, et la meilleure façon d'échapper à cette peur est de ne pas s'en approcher ou de n'en parler à personne. Cependant, votre esprit commence à faire l'association suivante : ce qui vous a sauvé du danger (imaginé) de l'appartement, c'est de ne pas vous en approcher. Vous pouvez alors devenir anxieux d'une manière générale à propos des appartements. Tout appartement est désormais un déclencheur de danger. Maintenant, vous pourriez avoir peur de sortir parce que vous pourriez voir un appartement, et vous essayez de ne parler à personne parce qu'ils pourraient mentionner qu'ils vivent dans un appartement. Bien que cela puisse paraître un peu ridicule, ce type de cycle de pensée n'est pas rare. Lorsque les déclencheurs atteignent ce niveau de sensibilité, ils deviennent un danger. Vous pouvez être pris dans une spirale d'anxiété qui ne fait que descendre.

Voici quelques exercices de thérapie somatique simples et faciles à suivre que vous pouvez utiliser pour guérir votre anxiété et atténuer ces déclencheurs :

- **1:** Vous allez vous mettre dans une bonne position d'"ancrage". Assurez-vous d'être confortablement assis sur une chaise ou un canapé, les pieds bien posés sur le sol devant vous. Essayez de détendre vos épaules, votre cou et vos bras. Placez vos mains et vos bras sur vos cuisses afin d'être dans une bonne position pour respirer. Respirez comme vous le feriez normalement et essayez de vous concentrer sur les zones où vous ressentez physiquement l'anxiété. Identifiez ces zones. Est-ce votre estomac ? Votre poitrine est-elle oppressée ? Vos mains sont-elles moites ? Votre peau vous démange-t-elle ? Votre cœur bat-il la chamade ? Quel que soit l'endroit où vous ressentez de l'anxiété, concentrez-vous sur cette zone et imaginez que votre respiration provient de cette zone. Vous pouvez toucher cette zone pour que votre esprit et votre corps fassent le lien avec l'endroit où se trouve l'anxiété et que vous souhaitiez la guérir. Restez dans cette situation de respiration, de concentration et de guérison pendant environ 30 secondes pour voir ce qui se passe, puis faites l'expérience pendant une minute entière. Avec un peu de chance, la zone concernée devrait être moins tendue et votre anxiété commencera à diminuer.
- **2:** De temps en temps, asseyez-vous et faites le point avec vous-même. Comment respirez-vous ? Respirez-vous avec votre poitrine ? Ensuite, concentrez-vous et respirez plutôt avec le ventre. En éliminant cette forme

de respiration superficielle, vous devriez commencer à ressentir l'anxiété et à l'atténuer.

- **3:** Lorsque vous vous sentez tendu, contractez cette partie de votre corps, rendez-la aussi tendue que possible, puis relâchez-la doucement. Aussi étrange que cela puisse paraître, le fait de crisper au maximum la zone où vous ressentez de l'anxiété, puis de la relâcher, peut en fait réduire l'anxiété. Cela s'explique par le fait que votre corps et votre esprit reconnaissent un problème et s'y attaquent. Une fois que vous avez fait cela, votre corps peut se sentir plus détendu. Sans cette méthode et en essayant simplement de vous détendre, votre corps a l'impression que vous essayez de l'ignorer. En reconnaissant l'anxiété et en se crispant le plus possible dans la zone concernée, puis en relâchant, votre corps comprend que vous avez reconnu qu'il a des difficultés dans cette zone. Maintenant, vous avez reconnu qu'il est bon de l'oublier et de passer à autre chose.

LIBÉRATION SOMATIQUE DE LA COLÈRE

La colère est parfois considérée comme une émotion malveillante. Nous la considérons avec méfiance et crainte. Si quelqu'un est en colère, nous considérons parfois cela comme une faiblesse ; par exemple, nous pouvons entendre : "Oooh, qu'est-ce qui ne va pas chez lui ? J'ai touché un point sensible, n'est-ce pas ?" et d'autres commentaires de ce genre. Bien sûr, comme toutes les émotions, la colère a une raison d'être. Si nous sommes en colère, c'est que quelque chose ne va pas. Lorsque quelqu'un est toujours en colère, c'est qu'il y a un problème beaucoup plus profond. Il ne s'agit pas seulement d'un problème au travail ou d'une irritation parce que votre partenaire n'a pas fait ce que vous lui aviez demandé. La colère peut aussi conduire une personne à s'attirer des ennuis. Une colère constante peut conduire à la violence et aux menaces, ou à dire des choses désagréables à des personnes qui ne sont pas censées l'être. Pour certaines personnes, elle peut se traduire par un traitement silencieux ou une bouderie sans fin. En fin de compte, quelle que soit l'issue, il n'est tout simplement pas agréable de se sentir comme cela, d'être toujours en désaccord avec tout et tout le monde. C'est épuisant en plus de tout le reste, et il ne restera probablement pas beaucoup d'amis ou de membres de la famille capables de tolérer cette colère permanente. Cependant, je veux que vous vous souveniez d'une chose : il est normal d'être en colère et il n'y a pas lieu d'en avoir honte. C'est une émotion humaine normale que nous vivons tous. Il peut être dangereux de réprimer ses émotions et cela peut entraîner des problèmes de santé. Nous devons simplement être prudents lorsque la seule émotion que nous semblons ressentir est la colère.

La thérapie somatique et l'expérience peuvent être d'une grande aide pour ceux qui ont besoin de comprendre, de libérer et d'évacuer la colère d'une manière saine. Elle permet de libérer toutes les émotions enfouies au plus profond de soi qu'une personne n'a pas voulu reconnaître et accepter. L'utilisation de techniques somatiques sur une longue période peut grandement aider à gérer et à réguler la colère, ce qui, à son tour, peut avoir des effets bénéfiques sur la santé : réduction des problèmes de digestion, muscles plus détendus, meilleure concentration et meilleure nuit de sommeil (Friedman, 2019).

La colère étant une émotion si puissante, il est essentiel de la gérer d'une manière sûre et saine. S'engager dans des méthodes cathartiques où l'on encourage quelqu'un à se défouler en criant ou en se défoulant physiquement est une façon de le faire, mais ce n'est pas forcément sain. En revanche, en recourant à l'expérience somatique et à d'autres pratiques de ce type au fil du temps, où l'on apprend à écouter son corps, on peut commencer à comprendre sa colère. Vous pouvez la laisser sortir petit à petit, de manière contrôlée et saine, dans un espace sûr. Exprimer sa colère d'un seul coup et de manière incontrôlée n'est pas forcément sans danger pour vous, en particulier si vous souffrez d'un syndrome de stress post-traumatique ou d'autres symptômes de traumatisme. Cela peut en fait vous être très préjudiciable, et toute colère ne sera libérée que temporairement - elle n'aura pas l'effet durable dont vous avez besoin.

Nous allons faire un exercice somatique de libération de la colère pour voir à quel point il est facile à faire ; une fois de plus, vous pouvez le faire en toute sécurité chez vous et vous pouvez aller dans une pièce tout seul et vous entraîner lorsque l'émotion apparait.

Tout d'abord, comme toujours avec les pratiques somatiques, apprenez à connaître votre corps. Prenez le temps de sentir où se trouve la colère dans votre corps. Inspirez et expirez profondément et sentez où se trouve cette colère. Maintenant, quel que soit l'endroit où vous ressentez cette colère, secouez votre corps. Vous pouvez utiliser vos mains pour exercer une légère pression si vous le souhaitez. Secouez votre corps et imaginez-vous en train de secouer cette colère pour qu'elle disparaisse et que vous soyez libre et prêt à aller de l'avant. Il s'agit d'un exercice très simple et direct que vous pouvez réaliser lorsque vous vous sentez en colère ou frustré.

Une autre option consiste à trouver quelque chose que vous pouvez serrer très fort : une serviette, des vêtements ou même l'avant-bras d'un partenaire ou d'un ami. Faites attention : Il s'agit de l'avant-bras et non du poignet ou du coude. Veillez à ce ce soit quelque chose qui vous permette d'évacuer la colère, afin que vous puissiez continuer votre journée.

En combinant ces exercices avec votre expérience somatique générale, vous apprendrez à connaître votre corps, à comprendre où et pourquoi la colère vit, et vous pourrez lentement mais sûrement la libérer et la laisser partir afin de pouvoir reprendre et continuer votre vie sainement et en toute sécurité.

9

DÉCOUVRIR DE NOUVEAUX CHEMINS DE GUÉRISON (D'AUTRES TECHNIQUES POUR GUÉRIR LES TRAUMATISMES)

Bien qu'elles ne fassent pas partie de l'expérience somatique, de nombreuses autres techniques sont de nature somatique et vous pouvez les incorporer dans vos routines de guérison et de thérapie. Elles contribuent toutes à la flexibilité du cerveau et stimulent sa capacité à s'adapter et à changer pour le mieux.

LE QIGONG ET LES PRATIQUES DES TREMBLEMENTS

La traduction de "Qigong" est "travail sur l'énergie". En effet, l'essence même du Qigong est d'essayer de canaliser l'énergie à travers les paumes de la main. Cela se fait généralement en position debout. Cette pratique est généralement combinée à un certain travail respiratoire. La clé de tout cela est la coordination des yeux avec les mouvements effectués, combinée à la respiration et à la concentration de l'esprit. Une analyse des nombreuses études menées sur le Qigong et le Tai-chi (une autre pratique) a conclu qu'ils présentaient de nombreux avantages pour la santé et la psychologie (Jahnke et al., 2010). Si vous repensez à ce que Peter Levine a dit à propos des animaux qui se débarrassent de leurs traumatismes, il est logique que les pratiques énergétiques, y compris les tremblements, soient bénéfiques pour notre santé physique et mentale.

L'avantage du Qigong, comme de nombreuses pratiques somatiques, est qu'il peut être pratiqué n'importe où ; tant que vous pouvez trouver un endroit calme et paisible, vous pouvez facilement le pratiquer.

Pour vous donner un avant-goût, voici une pratique facile à suivre en matière de secousses :

- Commencez par vous mettre debout en adoptant une bonne posture. Fermez les yeux et ressentez votre respiration ; ressentez-vous, vous et votre corps, dans le moment présent. Ensuite, lorsque vous vous sentez prêt à le faire, ouvrez les yeux, mais veillez à ne pas perdre cette sensation d'être dans le présent ; réveillez l'énergie dans votre corps. Commencez par secouer votre bras droit, mais veillez à ce qu'il reste détendu : Ne le tendez pas en le secouant. Secouez ensuite votre jambe droite. Pour ce faire, vous devrez soulever légèrement votre jambe du sol. Lorsque vous sentez que vous êtes prêt à passer à autre chose, posez votre jambe droite et secouez votre bras gauche. Puis, lorsque vous vous sentez prêt à le faire, passez à la jambe gauche.
- Une fois que vous sentez que vous pouvez descendre, posez votre jambe gauche et secouez tout votre corps : bras, jambes, corps, tête - tout. Encore une fois, veillez à ce que votre corps reste souple et détendu – ne vous crispez pas. Vous pouvez fermer les yeux si vous le souhaitez. Contrairement à ce qui s'est passé lorsque vous avez secoué votre jambe, vous devez garder vos pieds sur le sol. Cependant, vous pouvez soulever vos talons de haut en bas, mais ne décollez pas votre jambe du sol. Essayez de vous secouer encore plus fort, abandonnez-vous à l'acte de secouer et voyez si vous pouvez vraiment libérer l'énergie qui est en vous. Vous

pouvez lever les bras si c'est ce que votre énergie vous incite à faire. Votre bouche doit être complètement détendue. Si cela vous incite à faire des bruits, c'est très bien. Vous êtes en train d'évacuer de l'énergie, donc vous pouvez faire du bruit si c'est ce que votre énergie vous demande de faire. Très lentement, commencez à trembler un peu moins fort - faites-le lentement jusqu'à ce que vous repreniez une position statique.

LE YOGA SOMATIQUE

Le yoga somatique est, comme son nom l'indique, un mélange de yoga et des principes corps-esprit de la thérapie somatique. Il utilise la conscience somatique du corps pour vous aider à reconnecter votre cerveau et à faire travailler vos muscles afin de relâcher la tension et le stress qui ont pu s'accumuler à la suite d'un traumatisme. Vous ne vous contentez pas de suivre les instructions d'un professeur de yoga et de copier le mouvement. Vous faites réellement ce mouvement et vous pensez à ce que votre corps ressent et à ce qu'il vous dit.

L'un des aspects de la pratique du yoga somatique consiste à s'assurer qu'un élément d'ancrage soit inclus. Comme vous vous en souvenez peut-être dans les chapitres précédents, l'ancrage nous donne un sentiment de sécurité et de calme, ce qui est très important si nous voulons être à l'écoute de notre corps. Pour de nombreuses pratiques précédentes, l'ancrage signifiait s'asseoir avec les pieds fermement posés sur le sol. Pour le yoga, c'est un peu différent, comme vous pouvez l'imaginer. Dans ce contexte, la mise à la terre consiste à s'asseoir sur le sol, les jambes croisées, les bras tendus reposant sur les jambes. Vous levez ensuite les mains en l'air, faites le signe de la paix avec les deux mains, puis posez vos mains (toujours en signe de paix) sur le sol, en laissant vos épaules se détendre. Vous pouvez ressentir le besoin de fermer les yeux. Dans cette situation, le sol est la terre, et cet ancrage nous permet d'établir notre connexion avec la terre. Comme pour tous les exercices d'ancrage, c'est là que vous commencez à sentir votre corps dans le présent et dans l'ici et le maintenant. Ensuite, vous pouvez inspirer et expirer profondément ; vous serez alors prêt à commencer le reste de votre pratique de yoga.

Les différentes poses que vous pouvez faire en yoga ont des raisons et des avantages spécifiques. Je vais simplement en présenter quelques-unes ici, afin que vous en connaissiez les avantages :

- **La posture de l'enfant :** Cette posture est destinée à vous calmer et peut être connue pour réduire le stress et augmenter l'énergie. Pour la réaliser, vous devez vous mettre en position agenouillée. Vos gros orteils doivent se toucher et vos genoux doivent être écartés. Inspirez profondément et essayez d'allonger votre colonne vertébrale. Expirez et penchez-vous vers l'avant, en rapprochant votre tête du sol. Si vous le souhaitez, vous pouvez utiliser vos mains pour reposer votre tête. Ouvrez l'arrière de vos épaules et laissez votre ventre et votre poitrine se développer. Vous pouvez écarter davantage les genoux. Détendez vos bras et placez-les à côté de vos pieds, les paumes tournées vers le haut. Respirez et détendez-vous. Vous devriez sentir que la position devient plus prononcée lorsque vous respirez. Comme il s'agit d'une posture de relaxation, prenez quelques minutes pour rester dans cette position et vous détendre. Lorsque vous êtes prêt à sortir de la posture, déplacez vos mains jusqu'à vos genoux, inspirez et déplacez vos mains pour les utiliser afin de pousser dans le sol et de vous relever. Remontez lentement la poitrine et les épaules pour revenir à la position à genoux, assis bien droit.
- **La posture du chat et de la vache debout :** Il s'agit en fait de deux postures différentes qui ont été combinées pour en faire une posture encore plus

efficace. Elle peut contribuer à la souplesse de la colonne vertébrale et, par conséquent, à la posture. Mais surtout, pour ce qui nous concerne, elle permet de calmer une personne et de réduire le stress. Pour ce faire, vous devez vous mettre à quatre pattes, la tête au centre du corps, en regardant vers le bas. Inspirez et déplacez votre ventre vers le sol tout en levant le menton et la poitrine et en détournant le regard vers le haut. Essayez de déplacer vos épaules vers l'extérieur et de les éloigner de vos oreilles. Passez ensuite à la position du chat. Expirez et remontez votre ventre vers votre colonne vertébrale. Imaginez un chat qui se lève de sa sieste et qui étire son dos. C'est à cela que vous devez ressembler. Ramenez votre tête vers le sol, mais veillez à ne pas mettre votre menton dans votre poitrine. Inspirez en revenant à la position de la vache, puis expirez en revenant à la position du chat. Vous pouvez répéter cet exercice au moins cinq fois. Lorsque vous devez sortir de la posture, relevez-vous et asseyez-vous sur vos talons, le corps en position verticale.

- **La Posture de flexion avant:** Vous pouvez commencer cet exercice en vous levant. En gros, vous vous penchez (vers l'avant) et vous essayez de placer vos mains à plat sur le sol. Ne vous inquiétez pas si vous n'y arrivez pas ; ne forcez pas et ne vous blessez pas. Penchez-vous simplement aussi loin que vous le pouvez.
- **La Posture de relaxation:** Je suis sûr que vous pouvez deviner l'avantage de cette position ! Allongez-vous sur le dos, les mains le long du corps, légèrement tendues, les paumes tournées vers le haut, et les jambes légèrement écartées. Sentez votre corps et le contact que vous avez avec le sol. Inspirez profondément. C'est aussi simple que cela.

Voici un exercice de yoga à pratiquer. Commencez par l'exercice d'ancrage que je vous ai présenté plus haut. Ensuite, amenez vos mains devant votre poitrine, comme si vous faisiez une prière. Inspirez, puis levez les bras aussi haut que possible. Lorsque vous expirez, baissez les épaules, comme quand vous haussez les épaules. Répétez cette opération : bras levés/inspiration et épaules baissées/expiration quatre ou cinq fois. Ensuite, lorsque vous tendez les bras cette fois-ci, joignez vos paumes et regardez vers le haut si vous le pouvez. Ensuite, expirez, laissez vos mains redescendre en position de "prière" et posez-les à l'endroit où vous les aviez placées dans votre position d'ancrage.

LES TECHNIQUES BASÉES SUR LE MOUVEMENT

Outre les pratiques de tremblement et le yoga, il existe d'autres techniques qui impliquent des mouvements somatiques, c'est-à-dire que l'on ne se préoccupe pas de l'apparence du mouvement, mais que l'on se concentre sur les sensations qu'il procure. Les mouvements somatiques sont généralement lents pour permettre à notre corps et à notre cerveau de les assimiler, et sont exécutés en se concentrant totalement sur les sentiments et les sensations de notre corps. Ils ont généralement un but, qu'il s'agisse de bénéfices physiques ou mentaux, ou les deux.

Ces techniques comprennent la relaxation par tension et relâchement (conditionnée), qui consiste à tendre et relâcher chaque muscle de votre corps. Ces techniques devraient vous permettre de vous sentir très détendu et sont faciles à pratiquer quand vous le souhaitez, n'importe où dans votre maison.

Voici un exercice simple et rapide de tension et de relâchement à pratiquer. Veillez à ne pas blesser vos muscles. Si vous ressentez une douleur aiguë, arrêtez-vous.

Concentrez-vous sur un groupe de muscles, par exemple vos mollets. Inspirez profondément et contractez ce muscle jusqu'à ce que vous sentiez une pression sur celui-ci ; maintenez cette position pendant environ cinq secondes. Ensuite, vous relâchez tout en expirant en même temps. Il peut être judicieux de visualiser le muscle en train de relâcher la tension comme l'air qui sort d'un pneu éclaté ou quelque chose de similaire - ce qui vous convient. Notez la différence entre les sensations que vous et votre corps ressentez lorsque vous êtes détendu et lorsque vous êtes tendu. Vous devez rester détendu pendant environ 10 secondes, puis passer au muscle suivant. Une fois que vous avez terminé tous les groupes de muscles, détendez-vous, absorbez et appréciez la sensation de relaxation. Au total, l'exercice devrait durer entre 10 et 15 minutes. Les principaux groupes musculaires sont le pied (recourbez les orteils vers le bas), les mollets, les cuisses, les mains, les biceps, les fesses, le ventre, la poitrine, les épaules, la mâchoire, les yeux et le front (haussez les sourcils).

Vous pouvez également faire cet exercice de relaxation musculaire en maintenant la tension pendant environ 15 secondes, puis en la relâchant et en vous détendant. Pour ce faire, il vous suffit de respirer normalement - le moment de l'inspiration et de l'expiration n'a pas d'importance.

ÉLIMINATION DES TRAUMATISMES PAR TREMBLEMENTS

Les exercices de secousses visant à éliminer les traumatismes sont conçus pour libérer les tensions et les traumatismes des muscles au plus profond de votre corps. Il s'agit d'une méthode de tremblement sûre qui libère la tension de vos muscles et calme votre système nerveux et vous-même. Vous n'avez pas besoin de beaucoup de temps - peut-être 20 minutes au maximum - et tout le monde peut le faire. Il n'est pas nécessaire d'être en bonne forme physique. Cette méthode est étroitement liée à la théorie selon laquelle les animaux font face aux traumatismes en "tremblant", pour ainsi dire. Lorsque cette manière sûre de trembler est utilisée, elle suggère au corps de revenir à son état d'équilibre normal. Ces types d'exercices devraient vous procurer un sentiment de paix et de tranquillité.

Par exemple : allongez-vous sur le dos et placez la plante de vos pieds l'une contre l'autre, les genoux pliés vers l'extérieur. Ensuite, soulevez votre bassin d'environ un centimètre du sol et rentrez progressivement vos genoux d'environ un centimètre toutes les 30 secondes. Au bout d'un certain temps, vous devriez commencer à trembler. Si vous mettez du temps à trembler naturellement, c'est que vos muscles sont très forts. Il se peut que vous deviez tenir la pose plus longtemps. Lorsque vous êtes prêt, vous pouvez poser la plante de vos pieds et votre bassin sur le sol et vous détendre pour laisser le traumatisme se libérer par les tremblements. Si vous avez besoin d'arrêter de trembler, vous pouvez allonger vos jambes. Une fois que vous avez terminé, allongez-vous sur le dos et laissez-vous aller au calme et à la tranquillité. C'est une sensation assez étrange de voir soudain ses jambes et son corps trembler, mais c'est ce que le corps est censé faire lorsque les muscles sont fatigués, et c'est donc tout à fait naturel. C'est très thérapeutique, car cela permet d'évacuer une partie du traumatisme.

L'ART-THÉRAPIE SOMATIQUE

Ne vous inquiétez pas. Il n'est pas nécessaire d'être Van Gogh ou Picasso pour participer à une thérapie par l'art, bien qu'ils auraient pu en bénéficier s'ils l'avaient fait. Vos compétences artistiques n'ont pas d'importance, mais c'est la nature thérapeutique de l'art qui compte. L'art ne se limite pas à la peinture ; il englobe la musique, la danse, la sculpture, le dessin, l'écriture et d'autres formes d'art. L'essentiel est que nous apprenions à nous connaître et à connaître notre esprit et notre corps. Ce qui compte, ce n'est pas l'aspect ou le son du produit artistique fini. Nous savons que nous exprimons souvent nos pensées et nos sentiments les plus profonds lorsque nous sommes créatifs. Il suffit de penser aux nombreux auteurs-compositeurs qui font face à une tragédie personnelle en écrivant une chanson à ce sujet. Regardez comment nous utilisons l'art de quelqu'un d'autre pour nous exprimer. Je sais qu'il y a une chanson précise que j'avais l'habitude de jouer et qui m'aidait à faire mon deuil après la mort de ma mère. La jouer m'aidait à m'effondrer, à pleurer et à traverser le processus de deuil. Sans cette chanson, j'avais la lèvre raide et je gardais tout à l'intérieur, ce qui, comme nous le savons, est rarement sain.

On dit que parce que l'art fait appel à nos capacités mentales et physiques, il nous fait "oublier" la douleur physique que nous pouvons avoir. Il ne s'agit pas simplement d'une activité qui nous fait oublier la douleur, mais d'une activité qui nous détend et qui, comme certaines techniques de mouvement, peut ramener le corps à son état normal. En fait, les personnes souffrant de douleurs chroniques sévères peuvent grandement bénéficier d'une thérapie par l'art. Une grande étude a montré que 200 personnes hospitalisées pour une intervention chirurgicale ou un problème médical ont participé à une thérapie par l'art pendant 50 minutes. En moyenne, elles ont montré une amélioration de leur humeur et une réduction de leurs sentiments de douleur et d'anxiété (Shella, 2017).

Nous savons que notre âme, notre esprit ou notre psyché joue un rôle important dans notre guérison physique. C'est la raison pour laquelle les gens disent que l'esprit prime sur la matière. Ce n'est pas votre cerveau qui dit à votre corps d'aller bien, mais la partie de vous qui produit vos sentiments et vos pensées. L'art est le meilleur moyen d'exprimer et d'engager cette partie subconsciente de nous-mêmes. Il n'est donc pas étonnant qu'il puisse aider les personnes souffrant de douleurs constantes, qu'elles soient physiques, psychologiques ou liées à des traumatismes. Ainsi, l'art-thérapie peut être utilisée parallèlement à la médecine traditionnelle pour aider les personnes souffrant d'un grand nombre de problèmes de santé physique et mentale.

Voici un petit exercice d'art-thérapie que vous pouvez faire. Malheureusement, pour faire de l'art-thérapie, vous avez besoin de plus que vous-même. Pour cela, vous avez besoin de crayons de couleur, de feutres ou de stylos. Si vous avez de la peinture, vous pouvez peindre. Vous aurez également besoin de papier. N'importe quel papier fera l'affaire - il n'est pas nécessaire d'avoir un papier spécial. Avant de commencer à dessiner, prenez le temps de fermer les yeux et de prendre quelques inspirations profondes, puis d'expirer plus longuement. Restez dans l'instant présent et prenez conscience de votre corps et de ce qu'il ressent. Lorsque vous vous sentez prêt, prenez votre stylo ou votre crayon et dessinez un grand cercle sur la feuille de papier. À l'intérieur du cercle, dessinez ce que vous ressentez en ce moment. Je sais que c'est difficile à interpréter, mais laissez-vous guider par les formes et les couleurs qui vous attirent pour représenter vos émotions. Le cercle représente un espace sûr et, par conséquent, vous êtes libre de vous exprimer à l'intérieur de ce cercle. Pour savoir ce que signifie votre dessin, vous pouvez ensuite faire un exercice d'écriture dans lequel vous posez des questions au dessin, et le dessin, comme s'il s'agissait d'une personne, peut y répondre. Commencez par des questions générales, puis passez à des questions spécifiques sur les besoins du dessin et sur la manière dont il entend les satisfaire. Ne vous sentez pas obligé de suivre un scénario ; laissez la conversation aller là où vous voulez qu'elle aille. Laissez-vous imprégner par ce qui ressort de ce dialogue. N'essayez pas de forcer une conclusion ou d'analyser ce que vous avez dessiné et discuté. Laissez-le simplement entrer en vous et, en étant en contact avec votre corps et votre esprit, ce qui doit se produire ou être abordé sortira de manière naturelle.

10

CES PERSONNALITÉS VOUS SEMBLENT-ELLES FAMILIÈRES ?

Au cours de notre vie, nous entrerons en contact avec un certain nombre de personnes différentes, toutes dotées d'une identité et d'une personnalité uniques. Cependant, certaines personnalités, si nous les rencontrons, sont tout à fait capables de causer des dommages et des traumatismes psychologiques. Si nous apprenons à gérer ces personnalités et à nous guérir lorsque nous entrons en contact avec elles - et cela a un impact -, nous pourrons alors faire grimper en flèche notre capacité d'amour de soi et de compassion personnelle. Lorsque nous entrons en contact avec ce type de personnalités, elles nous causent des dommages. Ce n'est pas notre faute : ce sont les autres personnes qui ont un problème, pas nous. Malheureusement, elles ne résolvent jamais leur problème, et nous nous retrouvons souvent avec le poids de leur inconscience alors que nous essayons de nous remettre du traumatisme qu'elles causent. Ce n'est pas fini. Après ce chapitre, vous serez prêt à vous pardonner et à tourner la page sur vos rencontres passées avec ces genres de personnalité, et vous serez mieux préparé à les rencontrer à l'avenir.

LE TROUBLE DE LA PERSONNALITÉ NARCISSIQUE

Il s'agit d'un sujet d'actualité car certains commentateurs laissent entendre que certaines célébrités correspondent à ce type de personnalité. Nous n'avons que des rumeurs ; aucun d'entre nous ne connaît réellement les personnes en question, il est donc un peu exagéré de les pointer du doigt. Cependant, certains affirment que les rapports selon lesquels certaines célébrités blessent le personnel, sont agressives envers le personnel, éloignent les membres de leur famille de leurs amis, et ont besoin de donner des interviews à ce sujet, tout cela indique un narcissique classique. Nous le voyons de l'extérieur et nous ne savons pas vraiment ce qui est vrai et ce qui ne l'est pas, mais il s'agit d'une hypothèse intéressante.

Les personnes qui souffrent réellement d'un trouble de la personnalité narcissique ont généralement un sentiment exagéré de leur propre importance, un besoin constant d'attention et de respect, des difficultés à faire preuve d'empathie à l'égard des autres et, la plupart du temps, des relations très difficiles. Ce trouble peut entraîner des problèmes majeurs dans tous les domaines de la vie d'une personne, tels que le travail, les relations et la gestion financière. Si une personne atteinte de ce trouble ne reçoit pas l'attention dont elle a besoin, elle sera encline à devenir très malheureuse et frustrée. Les autres n'apprécieront probablement pas sa compagnie et l'éviteront.

D'autres signes de ce trouble incluent le désir d'être reconnu comme meilleur que les autres, même s'il n'a rien accompli qui le laisse supposer. Elles gonflent leurs réalisations et se concentrent sur des illusions de grandeur concernant leur puissance, leur richesse et leur beauté. Elles peuvent également exagérer la façon dont elles trouveront le partenaire idéal. En raison de leur sentiment de supériorité, elles pensent qu'elles ne peuvent fréquenter que des personnes d'importance égale ou supérieure et méprisent les autres. Elles essaient de dominer les conversations et coupent souvent la parole ou font des remarques sarcastiques à ceux qu'elles considèrent comme n'étant pas du même niveau. Comme elles se croient supérieurs aux autres, elles s'attendent à ce que toute personne inférieure les traite comme tels et à ce qu'elle soit toujours prête à répondre à leurs demandes. Elles peuvent montrer des signes de jalousie à l'égard d'autres personnes et croient qu'il y a des gens qui sont jaloux d'elles. Elles voudront toujours avoir ce qu'il y a de mieux : la meilleure télévision, la meilleure voiture, le meilleur téléphone, la meilleure maison, etc. D'où les difficultés financières dans lesquelles elles peuvent parfois se retrouver.

Pour cette raison, les narcissiques ne réagissent pas bien à toute critique ou suggestion visant à améliorer leur comportement. Ils peuvent se mettre en colère et devenir très frustrés s'ils ne reçoivent pas le type de comportement conforme qu'ils attendent des autres. Ils se mettent souvent en colère et essaient de rabaisser la personne qu'ils considèrent comme inférieure, afin de se sentir mieux dans leur peau. Dans les relations, ce type de comportement peut aboutir à des abus - souvent psychologiques et parfois même physiques si la personne ne peut pas contrôler sa colère. Vous ne saurez jamais où vous en êtes avec cette personne ; la relation sera à l'opposé de la sécurité que vous recherchez. Vous pouvez vous retrouver dans un état de détresse constant, à vous demander ce qui va se passer ensuite et comment votre partenaire va se comporter ou réagir à tout et n'importe quoi. Si vous reconnaissez ces schémas de comportement dans vos relations et que vous pensez avoir été victime d'abus, sachez que ce n'est pas vous que l'agresseur n'aimait pas ou dont il s'indignait : Il se serait comporté de la même manière avec tout le monde. Vous pouvez finir par penser qu'il y a quelque chose qui ne va pas chez vous. Non, il n'y a rien qui cloche chez vous ; ce sont eux qui sont malades. Ne pensez pas que c'était à vous d'essayer de changer leur comportement. Vous n'auriez vraiment rien pu faire. Ils doivent prendre leurs responsabilités.

Les abus narcissiques peuvent se produire non seulement dans les relations amoureuses, mais aussi avec les membres de votre famille, vos collègues ou vos supérieurs au travail. Faire face à ce type de trouble dans ce genre de situation peut également causer de graves traumatismes. Avoir un supérieur ou un collègue qui vous considère comme inférieur et attend de vous que vous répondiez joyeusement à toutes ses exigences peut être exceptionnellement épuisant et démoralisant, c'est le moins que l'on puisse dire. Il est probable qu'il s'emporte contre vous si vous ne vous pliez pas à ses exigences. Lorsqu'il s'agit d'un membre de la famille que vous aimez et qu'il n'accepte aucune critique et n'a aucune empathie pour vous et vos sentiments, cela peut être déchirant. Il y a évidemment de nombreuses possibilités de dommages psychologiques dont il faudra des années pour se remettre, surtout si cela se produit alors que vous êtes un jeune enfant.

La thérapie somatique peut être une aide pour tout abus narcissique. Il est presque inévitable que ce type de traumatisme reste bloqué à l'intérieur de vous, et ce n'est pas quelque chose dont vous vous sentirez facilement à l'aise de parler. Par conséquent, une thérapie par la parole, même si elle peut être utile, n'atteindra probablement pas le cœur de votre traumatisme, alors qu'une thérapie somatique pourra le faire. Elle vous aidera à libérer le traumatisme qui est coincé au plus profond de votre corps. Vous pourrez ainsi commencer à guérir. Le travail sur les limites que nous avons abordé dans un chapitre précédent peut également être d'une grande aide si vous vous retrouvez à nouveau dans ce genre de scénario, tout comme, bien sûr, tout le travail sur l'amour de soi, l'autocompassion et le pardon. Rien de tout cela n'était de votre faute, et il est extrêmement important que vous en preniez conscience et que vous recommenciez à vous aimer.

Une autre méthode efficace pour se guérir d'un abus consiste à faire des tapotements EFT. Le fait de tapoter ces champs d'énergie vitale et de dire des affirmations positives sur ce que vous avez vécu et sur la façon dont vous allez en guérir peut faire des merveilles pour le corps et l'esprit. Voici un petit exercice à suivre :

Inspirez profondément et fermez les yeux. Faites prendre conscience à votre corps des moments où, dans votre passé, vous avez été confronté à un comportement narcissique. Il s'agit peut-être d'une situation actuelle. Prenez note de l'endroit de votre corps où vous ressentez le traumatisme. Inspirez profondément et ouvrez les yeux.

- **1:** Commencez à tapoter le côté de votre main. Dites : "Malgré le mal et la douleur qu'un narcissique m'a causé, je continue à m'aimer et à m'accepter pleinement. Une personne de mon passé ou de mon présent m'a causé du tort par son narcissisme, et il n'est pas facile de se remettre de cette expérience. J'ai du mal à aller de l'avant et à me sentir vraiment libérée de la douleur. Malgré le mal et la douleur qu'un narcissique m'a causé, je continue à m'aimer, à me respecter et à m'accepter de tout mon cœur. J'espère que le narcissique trouvera sa propre paix et parviendra à se guérir et à se libérer de son comportement nuisible."
- **2:** Tapotez votre front au-dessus du sourcil intérieur, votre tempe, votre pommette, votre lèvre supérieure, votre menton, la région de votre cœur, sous votre aisselle du côté de vos côtes et sur le sommet de votre tête. Continuez à répéter ce cycle tout en disant ce qui suit :

Le mal, la douleur et les dégâts que le narcissisme m'a infligés. Tous les jours, j'ai eu peur parce que je ne savais pas quoi faire ni comment me comporter. Je guérirai de tout cela. Dans le passé, j'ai peut-être eu peur de me laisser guérir. Il était plus facile de ne pas avoir à affronter la douleur que je ressentais et de croire que quelque chose n'allait pas chez moi plutôt que chez eux. Si je me guéris et m'aime à nouveau, cela ouvre la possibilité d'être à nouveau blessé à l'avenir, il est donc plus facile de ne rien faire. J'aime et j'accepte ces pensées et ces sentiments. Même si j'en sais plus aujourd'hui, ces pensées et ces sentiments étaient naturels. Je suis maintenant prêt à me guérir de cette expérience.

Je mérite d'avoir du calme et de la sérénité dans ma vie. Je mérite d'aimer et d'être aimé. Le comportement dont j'ai fait l'objet ne me concernait pas, même si j'ai eu l'impression que c'était la réalité à ce moment-là. C'est pourquoi il m'a été si difficile d'oublier la blessure et la douleur, mais je sais maintenant que leur comportement n'était pas personnel - il s'agissait simplement des symptômes de leur maladie et n'avait rien à voir avec moi. Je suis prêt à guérir. Je suis en sécurité. Je m'occupe de moi. J'ai appris à fixer des limites et à les respecter. Ils m'ont rabaissée et m'ont fait me sentir inférieur, mais je rejette cette notion. Ils ne sont pas meilleurs que moi.

Ma vie ne sera pas dictée par cette expérience. Tout ce que la personne a dit n'était que sa maladie qui parlait. Ce n'est pas la réalité. Je connais la vérité. Je suis une personne extraordinaire qui mérite l'amour et le respect. Je suis prêt à guérir. Je guérirai. Si quelqu'un s'aimait et se respectait vraiment, il serait capable de m'aimer et de me respecter. Les personnes qui sont cruelles envers les autres ne s'aiment et ne se respectent généralement pas elles-mêmes. Je le reconnais et je tourne la page. Je guéris de tout ce qu'ils ont dit et fait. Je m'aime comme cette personne ne m'a jamais aimé, et d'autres personnes m'aimeront. Je m'aime et je me respecte pleinement.

- **3 :** Inspirez profondément et fermez les yeux. Expirez et ouvrez les yeux. Avec un peu de chance, les endroits de votre corps où vous avez ressenti le traumatisme ont maintenant été soulagés et vous avez laissé partir une partie de cette tension et de ce traumatisme. Rincez et répétez l'opération si nécessaire.

Rappelez-vous qu'il est normal et parfaitement naturel d'être en colère à cause de ce type d'abus. Vous avez été maltraité par votre partenaire, votre famille, vos amis ou vos collègues de travail. Vous n'y êtes pour rien : C'est parce qu'ils étaient malades. Cependant, ce n'est pas parce qu'ils étaient malades que cela excuse ce qu'ils vous ont fait et ce qu'ils vous ont fait subir. Vous n'avez pas à justifier leur comportement à leur place. Ce qu'ils ont fait est mal, tout simplement. Si vous êtes en colère, c'est votre droit et c'est normal. N'essayez pas de réprimer vos émotions ou de les garder enfouies en vous, car ce n'est pas sain. Il est normal d'être vraiment en colère contre cette personne et ce qu'elle vous a fait.

LE TROUBLE DE LA PERSONNALITÉ LIMITE

Le trouble de la personnalité limite se manifeste par des humeurs et des comportements très variés. Cela se traduit souvent par des décisions et des actions très impulsives. Les personnes souffrant de TPL peuvent avoir des périodes de colère, de dépression ou d'anxiété sévères qui peuvent durer plusieurs jours.

Les symptômes de ce trouble peuvent également inclure des sautes d'humeur extrêmes et une difficulté à s'identifier à soi-même et à sa place dans le monde. Cela signifie que leurs goûts et leurs aversions peuvent changer en un instant. Ils ont tendance à tout voir comme une seule chose : bonne ou mauvaise. Cela peut compliquer la tâche de ceux qui les entourent, car un jour, ils peuvent penser que quelqu'un est leur meilleur ami, et le lendemain, ils peuvent croire que c'est leur pire ennemi. Il est clair que cela peut conduire à des relations très malsaines et instables avec les partenaires, les amis, la famille et les collègues de travail.

Les personnes atteintes de cette maladie peuvent avoir des problèmes d'abandon (qu'ils soient réels ou non) et essayer de faire évoluer les relations trop rapidement ou de les interrompre complètement, de sorte qu'elles ne sont pas les premières à être abandonnées. Comme mentionné dans le premier paragraphe, un comportement impulsif peut être le résultat d'un trouble de la personnalité limite. Ainsi, la personne atteinte peut se lancer dans des achats coûteux, conduire trop vite et sans précaution, avoir des relations sexuelles non protégées avec de nombreux partenaires, consommer des drogues ou de l'alcool de manière excessive, ou même manger beaucoup trop en peu de temps. Il n'est pas rare que les personnes atteintes s'automutilent ou aient des pensées suicidaires.

Il se peut que les personnes qui développent un trouble de la personnalité limite aient subi des événements traumatisants au cours de leur enfance, tels que des abus ou des abandons. Par conséquent, tout comme la thérapie somatique peut guérir ces problèmes, elle peut également aider à guérir une personne souffrant d'un trouble de la personnalité limite. Si nous parvenons à guérir le traumatisme au sein de la personne, cela devrait à son tour commencer à guérir la maladie mentale. En outre, vous pouvez inclure la TCC qui aidera la personne à prendre conscience de ses schémas de pensée et à les modifier. On peut commencer à voir comment la thérapie somatique peut aider à guérir les personnes souffrant d'un trouble de la personnalité limite.

LES PARTENAIRES ABUSIFS DANS LES RELATIONS

Une relation abusive peut inclure des abus physiques ou sexuels, des abus émotionnels ou de la négligence. Il est évident que toute personne qui doit vivre ce type de relation avec une personne n'en sortira pas indemne. Il est plus que probable qu'elle subira un traumatisme. Il est probable qu'elle affecte le comportement futur et qu'elle provoque des déclencheurs, de sorte que les choses ordinaires de la vie peuvent susciter la peur chez une personne. L'agresseur peut même vous amener à douter de vos propres pensées et sentiments. Il peut avoir trouvé un moyen de vous couper de votre famille et de vos amis, de sorte que vous n'avez plus personne pour vous dire que le comportement de votre partenaire est répréhensible et que vous devez sortir de la relation. Une fois que vous avez vécu tout cela, il est très difficile de faire à nouveau confiance à quelqu'un pour être aussi proche de vous.

Pour vous aider à éviter de vous engager dans de telles relations, voici le genre de personnalités et de personnes que vous devez éviter. Ce n'est jamais facile, car une partie de la panoplie de l'agresseur consiste à vous charmer au début d'une relation, avant de révéler son vrai visage bien plus tard.

Les types de personnalité les plus susceptibles d'infliger des mauvais traitements à une personne sont le narcissique, dont nous avons déjà parlé, le sociopathe et le psychopathe. Certains traits de caractère de ces trois types de personnalité peuvent se chevaucher.

Les sociopathes ont tendance à ne pas avoir d'empathie pour les autres, à adopter un comportement impulsif, à essayer de contrôler les autres, généralement de manière agressive, à être charmants et charismatiques, à ne jamais apprendre de leurs erreurs ou à n'accepter aucune punition pour leur comportement, à mentir sans arrière-pensée, à essayer de se battre, à se menacer sans avoir l'intention de le faire et à avoir des difficultés à conserver un emploi ou à s'endetter.

Les psychopathes ne sont pas très différents. Comme pour le sociopathe, la psychopathie n'est pas un diagnostic psychiatrique à proprement parler. Une personne qui présente ces traits peut en fait être diagnostiquée comme souffrant d'un trouble de la personnalité antisociale (TPA). L'aspect antisocial ne vient pas du fait qu'ils sont asociaux - comme les sociopathes, ils sont capables de beaucoup de charme et de charisme - mais de leur tendance à ne pas trop se soucier des règles de la société (Lindberg, 2019). En plus de ne pas trop se préoccuper de la société, ils ne vont pas se préoccuper de la sécurité ou du bien-être de quiconque. Ils n'auront pas vraiment de boussole morale, ils seront des menteurs invétérés et ils peuvent adopter un comportement très imprudent et dangereux. Ils sont plus que susceptibles de manifester une grande colère et d'être généralement assez agressifs.

La thérapie somatique peut être une source de guérison pour toute personne qui vit une relation abusive ou qui en est sortie. Elle peut vraiment atténuer ces cicatrices émotionnelles. Elle permet d'évacuer le traumatisme de votre corps en toute sécurité. Elle peut vous aider à vous connaître à nouveau, à réaliser la vérité de la situation - que ce n'était pas votre faute - et vous aider à vous aimer à nouveau et à vous pardonner.

Faisons un petit exercice qui vous permettra de commencer à guérir d'une relation abusive. Asseyez-vous confortablement et fermez les yeux. Prenez conscience de ce que votre corps ressent lorsque vous vous souvenez de cette relation abusive. Prenez note de ce que vous ressentez. Respirez profondément et, ce faisant, dites ce qui suit : "J'accepte ce sentiment. Je m'aime. Je me guéris. J'avais peur, mais maintenant je suis en sécurité. Je veux guérir et je sais que je peux guérir."

Continuez à respirer et à prononcer ces phrases, et vous devriez commencer à sentir votre corps guérir au fil du temps.

❦ II ❦

QUE FAIRE MAINTENANT ? COMMENT SAVOIR QUE VOUS ÊTES EN TRAIN DE GUÉRIR ?

C'est une chose de participer à une thérapie somatique, mais comment savoir si elle fonctionne ? C'est de cela qu'il s'agit dans ce chapitre : savoir quand vous êtes en train de guérir. Vous serez en mesure de repérer les signes qui vous indiquent que la guérison est en cours. Cela vous permettra de savoir clairement ce que vous avez accompli jusqu'à présent et ce que vous devez encore travailler et améliorer. Ça vous aidera également à gérer vos attentes en ce qui concerne le temps qu'il vous faudra pour guérir et vous rétablir complètement. Ce qu'il faut retenir avant tout, c'est que même si vous avez du mal à guérir et à vous aimer en ce moment, vous n'êtes pas seul. J'ai vécu certaines des expériences décrites dans ce livre et je veux que vous sachiez que vous avez mon soutien, mon amour et mon respect. Tout cela est contenu dans les mots de ces pages, qui, je l'espère, seront pour vous une source constante de réconfort. Il est également toujours judicieux de chercher un soutien extérieur auprès d'autres personnes qui ont peut-être vécu la même chose que vous.

COMMENT SAVOIR SI VOUS ETES EN TRAIN DE GUÉRIR

Il faut garder à l'esprit que la guérison n'est pas quelque chose qui va se produire après seulement deux minutes de pratique respiratoire. C'est quelque chose que vous devez adopter comme une partie importante de votre vie pour y parvenir. Ce n'est pas comme une jambe cassée - vous mettez un plâtre, vous la laissez tranquille et elle guérit – c'est tout. Non, il faut continuer à pratiquer la thérapie somatique et l'intégrer réellement dans sa vie pour qu'elle soit un succès complet.

Comment savoir si la thérapie fonctionne ? Tout d'abord, cela se voit à votre système nerveux qui, au fur et à mesure que vous suivez la thérapie, devrait être beaucoup plus régulé et beaucoup plus harmonieux. Votre réaction de lutte ou de fuite devrait se calmer et votre rythme cardiaque devrait être normal. Vous devriez bien dormir et votre digestion devrait être bonne. Votre système immunitaire devrait être plus fort. Votre tension artérielle devrait être normale. Bien sûr, toutes ces choses ne vont pas changer du jour au lendemain. Si vous aviez des problèmes spécifiques dans l'un de ces domaines, vous devriez commencer à constater des améliorations mineures au fil du temps. Vous avez peut-être remarqué que vous dormiez un peu mieux ou que vous pouviez aller aux toilettes plus régulièrement. Il ne s'agit pas seulement de l'aspect physique des choses : vous avez peut-être remarqué que vous étiez capable de fixer une limite alors qu'auparavant, cela vous aurait beaucoup effrayé. Quoi qu'il en soit, vous devriez voir ces légers changements se produire au fur et à mesure que vous faites le travail.

L'autre différence que vous pouvez remarquer, c'est votre capacité à laisser entrer plus de choses dans votre vie. Lorsque le traumatisme est bloqué dans votre corps et qu'il a des effets négatifs sur votre vie, vous ne faites pas grand-chose et vous n'avez pas envie d'avoir beaucoup de gens autour de vous, car vous êtes anxieux ou stressé par tant de situations et de personnes. Il se peut que quelque chose vous ait déclenché et que vous vous soyez mis en retrait. Ou bien il s'est passé quelque chose, vous vous êtes mis en colère et vous n'arrivez pas à vous calmer. Lorsque vous êtes en train de guérir, vous commencez à remarquer que vous pouvez accepter plus de choses. Moins de choses vous angoissent et vous stressent, et vous avez donc plus de temps à consacrer à la vie. Alors que vous vous mettiez en colère et que vous n'arriviez pas à vous calmer, maintenant les évènements passent. C'est un peu comme l'eau qui glisse sur les plumes d'un canard : Vous continuez à vivre.

Ce sont là les deux principaux moyens de contrôler et de remarquer si la guérison fonctionne. Si vous lisez ces lignes après avoir suivi une thérapie somatique pendant un certain temps et que vous remarquez certaines de ces améliorations, bravo ! Vous êtes en train de guérir, et je vous souhaite de continuer à guérir. Si vous n'en êtes qu'au début du voyage, vous pouvez maintenant vous réjouir de constater ce type d'améliorations au fil du temps, afin de vivre pleinement votre vie et d'être la meilleure version possible de vous-même. J'ai hâte de vous voir atteindre cet objectif.

CE QU'IL FAUT RECHERCHER CHEZ UN THÉRAPEUTE SOMATIQUE

Bien que nous nous soyons concentrés sur les exercices que vous pouvez faire chez vous, pour avoir vraiment accès à tout ce qui concerne la thérapie somatique, vous voudrez probablement trouver un thérapeute somatique. Vous voudrez peut-être vérifier les qualifications du thérapeute, son expérience et s'il est agréé : S'il ne l'est pas, rayez-le de votre liste.

Avec un thérapeute, vous avez l'indicateur supplémentaire que vous devez vous sentir à l'aise avec lui. Vous devez sentir qu'il vous comprend et qu'il est d'accord avec les problèmes que vous cherchez à résoudre. L'une des façons d'y parvenir est de lui poser la question très simple de savoir s'il peut vous aider. Sa réponse devrait vous permettre de savoir si vous vous sentirez à l'aise avec lui. Vous pouvez toujours poser des questions complémentaires. J'espère que ce livre vous a donné la confiance et les connaissances nécessaires pour poser ces questions en toute confiance. Vous voudrez probablement demander quel est son plan d'action : quel est exactement le traitement qu'il est susceptible de vous recommander ? Cela vous permettra de savoir s'il s'agit d'une personne en qui vous pouvez avoir confiance. A-t-il su vous comprendre et, sur la base de votre traumatisme, est-il en mesure d'appliquer un plan propre à vous ? De la même manière, est-il assez ambitieux pour admettre que les choses peuvent changer au fur et à mesure que vous avancez ? Au fur et à mesure que les choses se présentent au cours des séances, il se peut qu'il doive adapter son plan. Il est bon de savoir s'il est assez humble pour admettre cette possibilité. De même, ne faites pas confiance à quelqu'un qui vous dit qu'en suivant son plan, vous guérirez à coup sûr dans un laps de temps donné. Cette personne ne sait pas vraiment comment les choses peuvent tourner. Il a peut-être une bonne idée, mais personne ne peut en être sûr tant que vous n'avez pas commencé à travailler. Les thérapeutes qui font des promesses précises ne sont probablement pas dignes de confiance. Compte tenu de ce qui précède, vous ne voudrez probablement pas trouver un thérapeute qui vous obligera à vous engager dans une longue période de thérapie pour une somme d'argent considérable, étant donné que tout plan établi pour ce type de chose pourrait très bien changer. Vous voulez qu'il soit aussi adaptable et flexible que possible dans sa façon de voir les choses.

Il ne s'agit pas seulement de se sentir à l'aise : Il s'agit de savoir si vous appréciez réellement la personne. Vous pouvez l'imaginer comme une personne dont vous aimez la compagnie. Dans un sens, l'un mène à l'autre, car il est peu probable que vous vous sentiez à l'aise en présence d'une personne que vous n'appréciez pas. Cependant, il ne s'agit pas seulement d'être à l'aise, d'autant plus qu'après avoir subi un traumatisme, il se peut que vous ne vous sentiez pas à l'aise avec vous-même, et encore moins avec quelqu'un d'autre.

Commencez déjà à utiliser votre sens somatique et voyez si vous aimez le thérapeute en tant que personne ou non.

En ce qui concerne les qualifications, vous voudrez au moins un thérapeute qui a suivi une formation en expérience somatique. Idéalement, vous voudrez probablement qu'il soit qualifié dans un autre domaine - un domaine légèrement différent de l'expérience somatique afin qu'il ne se concentre pas uniquement sur la seule façon de faire les choses. C'est toujours agréable de voir quelqu'un qui progresse également. Il ne se contente pas de s'entraîner à une chose et de s'arrêter : Il a continué à apprendre et à se développer en tant que thérapeute. L'une des qualifications les plus importantes peut être le fait d'avoir fait le travail sur soi-même et d'avoir utilisé sa propre thérapie somatique pour se guérir. Cela suggère que ce qu'il a fait a fonctionné, et il devrait avoir une certaine expérience de ce que vous avez traversé. En fin de compte, il devrait être en mesure de vous comprendre et d'avoir de l'empathie pour vous.

Rappelez-vous que tant que vous n'avez pas signé un contrat douteux stipulant que vous ne pourrez jamais partir, vous n'avez rien à perdre. Si, au bout d'un certain temps, vous avez l'impression que cela ne fonctionne pas vraiment pour vous, rien ne vous empêche de mettre fin à la thérapie. Vous n'êtes jamais contraint de continuer à faire quelque chose qui ne vous apporte rien. Vous pouvez toujours rechercher des thérapeutes et des thérapies alternatives.

TROUVER UN SENS APRÈS UN TRAUMATISME

Il peut être difficile de surmonter un traumatisme, même si l'on est en train de guérir ou si l'on a commencé à guérir. Vous savez que vous voulez aller de l'avant, mais vous ne savez pas où vous voulez aller. Voici quelques conseils pour vous aider à vous retrouver et à trouver un sens à votre vie après un traumatisme.

L'un des conseils est d'essayer de mener une vie épanouie. Je sais que c'est plus facile à dire qu'à faire, mais après tout ce que vous avez vécu, vous avez probablement l'impression qu'il y a un grand vide dans votre vie. Avec quoi voulez-vous le combler ? Réfléchissez à ce que vous voulez qui vous donne envie de vous réveiller demain matin et de profiter de la journée.

Si certaines choses vous empêchent de vous épanouir dans la vie, il est temps d'admettre qu'elles existent, non pas comme une mauvaise chose ou comme une chose dont il faut se sentir coupable, mais d'une manière pragmatique et acceptée. Tous ces traumatismes m'ont amenée à être, disons, "distant" dans mes relations. Aujourd'hui, j'accepte que ce soit le cas, et c'est maintenant l'occasion pour moi de changer lentement cette situation. Cela peut être douloureux et difficile, mais si nous pouvons accepter qu'il y ait des choses qui nous empêchent de progresser, plutôt que de les voir comme un point négatif, nous pouvons les voir comme une chance de faire mieux cette fois-ci et d'en faire une opportunité.

Il est important de se rappeler qu'en traversant cette épreuve et en étant toujours là, vous êtes une personne exceptionnellement résiliente. Cela signifie que vous pouvez probablement surmonter n'importe quoi. Vous êtes une personne forte, même si vous n'en avez pas toujours l'impression, et c'est vraiment une leçon importante que vous avez apprise. Grâce à votre thérapie somatique, vous ne ferez que grandir en tant que personne. Même si ce que vous avez vécu est terrible et que vous auriez préféré ne jamais le vivre, cela vous aura rendu plus fort à long terme. C'est aussi une façon de dire que nous devons trouver un sens à la vie. Sans ce sens, nous dérivons généralement sans savoir où nous allons. Il est important de faire les choses et de voir les gens qui donnent un sens à votre vie. Si vous y parvenez, vous pourrez combler le vide laissé par le traumatisme.

LE RITUEL SOMATIQUE QUOTIDIEN POUR UNE GUÉRISON AUTONOME

Tout au long des chapitres, j'ai essayé de vous donner des exemples et des exercices sur lesquels vous pouvez travailler et voir l'impact qu'ils ont. Cependant, la meilleure chose à faire est de rassembler la plupart de ces éléments dans un rituel quotidien afin d'améliorer l'expérience de guérison. J'ai inclus des aspects de différents chapitres de ce livre. Au total, le rituel devrait vous prendre environ 30 minutes, ce qui devrait vous permettre de l'intégrer dans votre journée. Je pense que ce rituel fonctionne particulièrement bien le matin, car il permet à la fois de relâcher les tensions et de se détendre, mais aussi de se préparer à affronter la journée qui s'annonce.

Une fois que vous l'aurez maîtrisé, vous pourrez facilement rédiger votre propre rituel grâce aux connaissances et à l'expérience que vous aurez acquises. Vous pouvez même l'afficher sur votre mur ou votre réfrigérateur pour qu'il vous rappelle constamment que vous devez l'accomplir chaque jour.

1: Travail Sur La Respiration (Cinq Minutes) :

- Trouvez une place confortable pour vous asseoir. Vous n'avez pas besoin de vous asseoir complètement droit, mais votre dos doit être soutenu.
- Fermez les yeux.
- Respirez trois fois profondément : Inspirez par le nez et expirez par la bouche.
- Placez une main sur votre ventre et une main sur votre poitrine. Respirez profondément pendant 10 minutes. Vous devez pouvoir sentir l'air partir du ventre et remonter vers la poitrine.
- Prenez 10 respirations profondes : inspirez et expirez par le nez.
- Prenez 10 respirations profondes : inspirez par le nez et expirez par la bouche.

- Prenez 10 respirations profondes : Inspirez et expirez par la bouche.
- Inspirez une dernière fois profondément. Retenez la respiration pendant sept secondes. Expirez et détendez-vous.
- Se détendre pendant 30 secondes en respirant normalement.
- Ouvrez les yeux.

2 : Exercice De Pleine Conscience (Cinq Minutes) :

- Assurez-vous d'être dans une position confortable.
- Fermez les yeux.
- Prenez conscience de votre corps et voyez s'il y a des zones spécifiques qui se sentent détendues. Concentrez-vous sur une partie de votre corps qui se sent bien et détendue. Concentrez-vous sur cet endroit et sur cette sensation.
- Pensez à un mot qui décrit le mieux cette sensation.
- Prenez note de tout changement dans votre respiration lorsque vous vous concentrez sur les endroits détendus et bien de votre corps.
- Pour terminer l'exercice, commencez à prendre lentement note des sons et des odeurs qui vous entourent.
- Lorsque vous êtes prêt, ouvrez les yeux.

3 : Tapping EFT (Cinq Minutes) :

- Le cycle comprend des tapotements sur le côté de la main pendant une minute, suivis d'un cycle continu sur le sommet de la tête, l'intérieur du front au-dessus du sourcil droit, les tempes, les pommettes, la lèvre supérieure, le menton, la région du cœur et sous l'aisselle, du côté des côtes.

- Dites ce qui suit en tapotant : "Je m'aime et je m'accepte de tout mon cœur. Je suis prêt à guérir. Dans le passé, j'ai eu du mal à accepter la vérité ou le fait que je n'avais rien fait de mal et que j'étais quelqu'un de bien. Je sais maintenant que c'est vrai. Je ne peux pas oublier mon passé, mais je peux aller de l'avant. Je m'accepte tel que je suis. Je suis un être humain bon et aimant, et je mérite d'être aimé. Je me respecte et je m'accepte. Je suis prêt à guérir, et je guérirai."
- Prenez votre temps pour faire les tapotements. Il n'est pas nécessaire de se précipiter d'une étape à l'autre. Prenez le temps de dire les affirmations. Vous pouvez choisir de ne pas les dire si vous pensez qu'elles ne s'appliquent pas ou ajouter ce qui vous semble plus approprié.

4 : Qigong (Cinq Minutes) :

- Prenez une position debout. Assurez-vous d'être bien détendu et tenez-vous debout, les pieds légèrement écartés.
- Inspirez et levez les mains.
- Expirez et ramenez vos mains au centre de votre corps. Placez vos mains l'une en face de l'autre, paumes vers le bas, comme si vous poussiez quelque chose avec l'air sous vos mains.
- Frottez vos mains l'une contre l'autre, comme si vous vouliez allumer un feu, jusqu'à ce qu'elles commencent à se réchauffer.
- Une fois qu'elles sont chaudes, fermez les yeux et placez la paume de vos mains sur vos paupières. Gardez-les sur les paupières pendant environ 30 secondes.
- Éloignez vos mains de vos paupières et frottez-les sur l'ensemble de votre visage. Frottez votre visage 10 à 30 fois.

- Passez ensuite vos doigts dans vos cheveux. Cela dépend de la quantité de cheveux que vous avez. Il peut s'agir d'un court mouvement ou vous pouvez passer vos doigts dans vos cheveux pendant un certain temps. Faites-le 10 à 30 fois, selon le temps dont vous disposez.
- Frottez vos oreilles. Il s'agit en fait d'un massage des oreilles. Vous pouvez donc les frotter ou les tirer, selon ce qui vous fait du bien.
- Placez vos mains doucement sur votre cou et appuyez sur les muscles. La douceur est essentielle : vous ne voulez pas vous blesser.
- Trouvez la partie de votre colonne vertébrale qui dépasse juste en dessous de vos épaules. Tapotez-la doucement avec une main, puis tapotez-la avec l'autre main. Faites cela pendant cinq secondes avec chaque main.
- Si vous ressentez encore des tensions après cela, secouez rapidement tout votre corps. Comme vous avez beaucoup utilisé vos bras, secouez particulièrement la tension de vos mains, de vos bras et de vos épaules.
- Terminez en inspirant, en tendant les bras vers le haut et en expirant en ramenant les mains vers le bas.

5 : Exercice De Yoga Somatique (10 Minutes) :

- Commencez par une posture de flexion en avant.
- Passez lentement à la posture debout du chat et de la vache, les genoux pliés, en plaçant les mains sur les genoux et en soulevant doucement le dos et la tête.
- Revenez à la posture de flexion avant et répétez l'opération, en passant à la posture du chat et de la vache debout et en revenant à la posture de flexion avant plusieurs fois.
- Mettez-vous en position debout, accroupi, mais placez vos coudes sur le haut de vos cuisses et descendez

doucement et lentement vos coudes le long de vos cuisses jusqu'à ce que vous atteigniez vos genoux. Faites cet exercice trois ou quatre fois.
- Faites la posture debout du chat et de la vache en pliant les genoux. Passez de la posture de la vache à la posture du chat. Faites cela cinq fois.
- Debout, les jambes écartées, balayez les bras d'un côté à l'autre, un bras à la fois. Commencez lentement et accélérez le mouvement. Faites cet exercice cinq fois.
- Faites la posture du chat et de la vache debout sur les mains et les genoux. Faites-le cinq fois.
- Prenez la posture de l'enfant. Maintenez-la quelques instants.
- Allongez-vous sur le dos, les bras tendus derrière vous. Balancez votre jambe d'un côté à l'autre. Faites de même avec l'autre jambe. Faites cet exercice cinq fois.
- Restez sur le dos et mettez la plante de vos pieds l'une contre l'autre en pliant les genoux. Maintenez cette position pendant quelques instants.
- Se redresser pour s'asseoir en croisant les jambes, les bras reposant sur les jambes. Maintenez cette posture pendant quelques instants.

POSTFACE

Bravo ! Je vous souhaite de découvrir une puissance incroyable dans votre aventure somatique. Vous avez réussi à aller jusqu'au bout. En soi, c'est un motif de fierté. Vous pouvez vous féliciter d'avoir fait le premier pas en vous intéressant à la thérapie somatique et en lisant sur le sujet. Je suis persuadé qu'avec votre curiosité, combinée aux conseils et aux pratiques de ce livre, vous serez sur la bonne voie pour guérir des traumatismes que vous avez subis dans le passé. Le simple fait de lire ce livre montre que vous avez le courage de vouloir guérir ce traumatisme, et vous aurez besoin de ce courage tout au long de votre voyage.

Le traumatisme est un événement global que nous vivons. Pendant longtemps, les gens ont supposé qu'il s'agissait d'un phénomène qui ne se produisait que dans le cerveau. Aujourd'hui, nous en savons beaucoup plus : il se produit dans le cerveau, le corps et l'esprit. La thérapie somatique est l'un des seuls moyens d'atteindre ces trois éléments et de guérir véritablement. Je ne dis pas que la "thérapie par la parole" n'est pas utile car, bien sûr, elle peut l'être. Cependant, la thérapie par la parole seule ne permet pas toujours d'atteindre la racine du traumatisme dans votre corps et, parfois, la thérapie par la parole peut être la pire chose à faire pour une personne ayant subi un traumatisme, car on lui demandera d'évoquer ses expériences traumatisantes. La titration est peu pratiquée dans les thérapies par la parole, mais la thérapie somatique vous aide à libérer ce traumatisme petit à petit, non seulement en parlant et en utilisant votre esprit, mais aussi en étant en contact avec votre corps et en prenant conscience de ce qu'il sent et de ce qu'il ressent.

Le problème avec les traumatismes, c'est qu'ils finissent par causer d'autres problèmes tels que des douleurs chroniques, de la dépression, de l'anxiété, de la dépendance, des problèmes de digestion et du manque de sommeil, mais tous ces problèmes peuvent être traités et résolus grâce à la thérapie somatique. Un autre point positif de la thérapie somatique est qu'elle comporte tellement d'éléments que vous n'êtes pas obligé de vous contenter d'une méthode ou d'une autre ; il existe une grande variété de techniques et d'exercices qui peuvent être utilisés. Parfois, il faut procéder par tests et erreurs, mais vous devriez trouver quelque chose qui vous convient et qui fonctionne pour vous.

Grâce aux concepts que la thérapie somatique nous enseigne, nous comprenons vraiment notre corps, comment il fonctionne et comment nous pouvons le faire travailler au mieux pour nous. L'ancrage est un excellent exercice pour s'installer et prendre conscience de son corps et de ce qu'il ressent. Si vous avez l'impression que votre esprit s'emballe, que vous êtes un peu paniqué ou anxieux, l'une des meilleures choses à faire est de prendre quelques instants pour vous asseoir, les pieds fermement posés sur le sol, et d'appliquer quelques techniques d'ancrage au sol. Je me sens presque toujours plus calme et plus en paix après avoir fait cela et être entré en contact avec mon corps et l'avoir écouté. C'est comme si mon corps me remerciait de l'avoir écouté.

Fixer et maintenir des limites peut être un exercice essentiel pour de nombreuses personnes, en particulier celles qui se sont immergées dans la vie d'autrui ou qui ont vécu des relations abusives. Cela permet également de maintenir les choses dans le présent et dans l'ici et le maintenant, qui est l'endroit où nous voulons tous vivre.

POSTFACE

Comme je l'ai évoqué dans le dernier chapitre, la thérapie somatique vous aide à commencer à autoréguler votre système nerveux, ce qui, à long terme, peut avoir un impact très important. Vos émotions sont autorégulées. Vous ne vous énervez plus contre quelqu'un sans raison apparente. Je ne dis pas que c'est toujours le cas : Nous sommes tous fatigués et grincheux de temps en temps, mais ce n'est pas parce que vous avez subi un traumatisme qui est encore emprisonné dans votre corps. Votre réaction de lutte ou de fuite est mieux régulée, de sorte que vous n'êtes pas pris de panique et d'anxiété à chaque fois que quelque chose se passe. Peu à peu, votre processus de prise de décision devient plus conforme à ce qu'il devrait être. Votre digestion, votre sommeil et beaucoup d'autres choses peuvent être mieux régulés, et tout cela vous permet de vous rétablir, de guérir et d'avoir le genre de vie que vous imaginez pour vous-même. L'autorégulation est un élément et un objectif essentiels de la thérapie somatique.

L'utilisation du mouvement peut également être considérée comme une pierre angulaire de l'expérience somatique. Il ne s'agit pas nécessairement de danse (bien que cela soit possible en art-thérapie) ou de quelque chose d'excessivement énergique. Il peut s'agir simplement de quelques postures de yoga, de quelques tremblement de Qigong ou de quelques contractions et relâchements musculaires. Ces mouvements peuvent être aussi énergiques que vous le souhaitez ou aussi sereins que vous le voulez, mais ils constituent une autre partie de la connaissance de votre corps, de la prise de conscience de votre corps et de l'écoute de ce qu'il vous dit. Tous ces mouvements tiennent compte du fait que le traumatisme se trouve dans votre corps, et pas seulement dans votre esprit.

Il ne fait aucun doute dans mon esprit que vous avez pris la bonne décision. La thérapie somatique est l'un des meilleurs moyens pour vous de guérir de votre traumatisme. Je suis fier de vous pour avoir franchi une étape aussi monumentale. J'aimerais pouvoir être à vos côtés tout au long de votre parcours somatique, mais j'espère que vous sentez que je suis là avec vous, que je vous

POSTFACE

encourage sous la forme de ce livre. Vous pouvez transformer votre vie et la rendre moins douloureuse et moins pénible qu'elle ne l'est actuellement. Vous pouvez commencer à vous réjouir de la vie. Vous pouvez commencer à être enthousiaste à l'idée de vous réveiller le matin - et non pas vous réveiller avec cette horrible sensation de peur au creux de l'estomac. Vous avez hâte de voir ce que la journée vous réserve.

Vous n'êtes plus contrôlé par le traumatisme et vous avez pris le contrôle de votre vie. Il s'agit là d'une affirmation très forte qui se vérifiera. Vous avez le reste de votre vie à vivre ; allez-y et profitez-en.

Il est si facile d'intégrer une grande partie de ces éléments dans votre routine quotidienne. Même le rituel que je propose ne prend que 30 minutes de votre journée. Une grande partie de ce rituel peut être réalisée au réveil ou juste avant d'aller au lit, ce qui vous permet de vous assurer que vous l'accomplissez. Tout ce dont vous avez besoin, c'est d'un espace calme dans votre maison (parfois plus facile à dire qu'à faire, je sais), et c'est parti.

C'est votre corps. C'est votre vie. Allez-y et faites en sorte qu'elle soit la meilleure possible. Tous mes vœux de réussite et, comme l'ensemble de ce livre vous y encourage, prenez soin de vous.

RÉFÉRENCES

All images are courtesy of Pixabay.

Barnes, S., Brown, K., Krusemark, E., Campbell, W & Rogge, R. (2007, October 11). *The Role of Mindfulness in Romantic Relationship Satisfaction and Responses to Relationship Stress.* Journal of Family and Marital Therapy. https://doi.org/10.1111/j.1752-0606.2007.00033.x

Baxter, S. (2019, October 20). *Vagus Nerve Reset to Release Trauma Stored in the Body (Polyvagal Exercises).* Vagus Nerve Reset To Release Trauma Stored In The Body (Polyvagal Exercises) - YouTube

Baxter, S. (2020, November 9). *Vagus Nerve Exercises to Rewire Your Brain from Anxiety.* Vagus Nerve Exercises To Rewire Your Brain From Anxiety - YouTube

Bell, A. (2017, July 21). *Somatic Psychotherapy.* Good Therapy. Somatic Psychotherapy (goodtherapy.org)

Bell, A. (2018, June 19). *Somatic Mindfulness: What Is My Body Telling Me? (And Should I Listen?).* Good Therapy. https://www.goodtherapy.org/blog/somatic-mindfulness-what-is-my-body-telling-me-and-should-i-listen-0619185

Brom, D., Stokar, Y., Lawi, C., Nuriel-Porat, V., Ziv, Y., Lerner, K. & Ross, G. (2017, June 6). *Somatic Experiencing for Posttraumatic Stress*

RÉFÉRENCES

Disorder: A Randomized Controlled Outcome Study. Wiley Online Library. https://dx.doi.org/10.1002%2Fjts.22189

Butler, A., Chapman, J., Forman, E & Beck, A. (2006, January). *The Empirical Status of Cognitive-Behavioral Therapy: A Review of Meta-Analyses.* Clinical Psychology Review. https://psycnet.apa.org/doi/10.1016/j.cpr.2005.07.003

Carbonelli, D. & Parteleno-Barehmi, C. (2016, May 11). *Psychodrama Groups for Girls Coping With Trauma.* Taylor & Francis Online. https://doi.org/10.1080/00207284.1999.11732607

Chambers, R., Chuen Yee Lo, B. & Allen, N. (2007, February 23). *The Impact of Intensive Mindfulness and Training on Attention Control, Cognitive Style, and Affect.* Springer Link. http://dx.doi.org/10.1007/s10608-007-9119-0

Chen, Y., Hung, K., Tsai, J., Chu, H., Chung, M., Chen, S., Liao, Y., Ou, K., Chang, Y. & Chou, K. (2014, August 7). *Efficacy of Eye-Movement Desensitization and Reprocessing for Patients with Posttraumatic-Stress Disorder: A Meta-Analysis of Randomized Controlled Trials.* PLOS ONE. https://dx.doi.org/10.1371%2Fjournal.pone.0103676

Cino, R. (2017, November 24). *How to Decrease Anxiety Using Somatic Experiencing.* myTherapyNYC. https://mytherapynyc.com/how-to-decrease-anxiety-using-somatic-experiencing/#comments

Clarke, J. (2021, July 31). *What Is Gestalt Therapy?* Verywell Mind. https://www.verywellmind.com/what-is-gestalt-therapy-4584583

ConciousnessNOWTV. (2020, September 19). *How to use Pendulation to Decrease Stress and Increase Well-Being.* How to use Pendulation to Decrease Stress and Increase Well-Being - YouTube

Counselling and Meditation Exercises. (n.d.) Sligo Gestalt Counselling. https://sligogestaltcounselling.ie/try-these-counselling-exercises.html

Cutler, N. (n.d.) *Learning How to Unlock Tissue Memory.* Integrated Physical Therapy and Wellness. https://www.iptmiami.com/news/Learning_How_to_Unlock_Tissue_Memory

Depressive Disorders. (n.d.) Psychology Today. https://www.psychologytoday.com/us/conditions/depressive-disorders

Diaphragmatic Breathing Exercises. (n.d.). Physiopedia. https://www.physio-pedia.com/Diaphragmatic_Breathing_Exercises

Diaphragmatic Breathing: Everything You Need to Know. (n.d.). Evolve Chiropractic. https://myevolvechiropractor.com/diaphragmatic-breathing/

Eckelkamp, S. (2019, October 9). *Can Trauma Really be 'Stored' in the Body?* mbg Health. https://www.mindbodygreen.com/articles/can-trauma-be-stored-in-body

Energy Psychology (2017, October 26). Good Psychology. https://www.goodtherapy.org/learn-about-therapy/types/energy-psychology

Erdelyi, K. (2019, October 28). *What is Somatic Therapy?* Psycom. https://www.psycom.net/what-is-somatic-therapy/

Essential Somatics. (2019, February 1). *The Best Psoas Release.* (2) The Best Psoas Release - YouTube

Fallis, J. (2021, March 24). *How to Stimulate Your Vagus Nerve for Better Mental Health.* Optimal Living Dynamics. https://www.optimallivingdynamics.com/blog/how-to-stimulate-your-vagus-nerve-for-better-mental-health-brain-vns-ways-treatment-activate-natural-foods-depression-anxiety-stress-heart-rate-variability-yoga-massage-vagal-tone-dysfunction

Feinstein, D. (2012, December 1). *Acupoint Stimulation in Treating Psychological Disorders: Evidence of Efficacy.* Sage Journals. https://doi.org/10.1037%2Fa0028602

Field, T. & Diego, M. (2008, March 4). *Vagal Activity, Early Growth and Emotional Development.* PubMed Central. https://dx.doi.org/10.1016%2Fj.infbeh.2007.12.008

Forgiveness: Your Health Depends On It. (n.d.) John Hopkins Medicine. https://www.hopkinsmedicine.org/health/wellness-and-prevention/forgiveness-your-health-depends-on-it

Friedman, L. (2019, November 15). *Using Somatic Experiencing to Cope with Anger.* Trauma & Beyond. Using Somatic Experiencing to Cope with Anger | Trauma Therapy (traumaandbeyondcenter.com)

Gaba, S. (2020, August 22). *Understanding Fight, Flight, Freeze and the Fawn Response.* Psychology Today. https://www.psychologytoday.-

RÉFÉRENCES

com/gb/blog/addiction-and-recovery/202008/understanding-fight-flight-freeze-and-the-fawn-response

Giacomucci, S. & Marquit, J. (2020, May 19). *The Effectiveness of Trauma-Focused Psychodrama in the Treatment of PTSD in Inpatient Substance Abuse Treatment.* Frontiers in Psychology. https://doi.org/10.3389/fpsyg.2020.00896

Goodlet, N. (2020, November 30). *Vagus Nerve Stimulation Breathing Meditation Practice.* https://www.youtube.com/watch?v=kiQMaJJWcyQ

Hadley, H. (2017, July 19). *The Benefits of Somatic Breathing.* Total Somatics. https://totalsomatics.com/the-benefits-of-somatic-breathing/

Heidari, S., Shahbakhsh, B. & Jangjoo, M. (2017). *The Effectiveness of Gestalt Therapy on Depressed Women in Comparison with Drug Therapy.* Journal of Applied Psychology and Behavioral Science. https://japbs.com/fulltext/paper-02012017134122.pdf

Hoffman, S., Sawyer, A., Witt. A & Oh, D. (2010, April 1). *The Effect of Mindfulness-Based Therapy on Anxiety and Depression: A Meta-Analytic Review.* PMC. https://www.ncbi.nlm.nih.-gov/pmc/articles/PMC2848393/

Holmes, J. & McGauran, J. (Executive Producers). (1988–present). *Home and Away* [TV series]. Seven Studios; Seven Network Operations Limited; Red Heart Entertainment; Keeper Media.

Hopper, S., Murray, S., Ferrara, L. & Singleton, J. (2019, September). *Effectiveness of Diaphragmatic Breathing for Reducing Physiological and Psychological Stress in Adults: A Quantitative Systematic Review.* JBI Evidence Synthesis. https://doi.org/10.11124/jbisrir-2017-003848

IABET - Consciousness Through Art. (2020, April 2). *Art Therapy Exercise - Exploring Emotional Needs.* Art Therapy Exercise - Exploring Emotional Needs - YouTube

Jackson, K. (2019, February 4). *Pandiculations 101 with Think Somatics. (2)* Pandiculations 101 with Think Somatics - YouTube

Jackson, T. (2017, August 24). *Grounding: What to Do When You Feel*

Unstable. Toni Jackson Counselling. https://tonijacksoncounselling.com/2017/08/24/grounding-what-to-do-when-you-feel-unstable/

Jahnke, R., Larkey, L., Rogers, C., Etnier, J. & Lin, F. (2010, July 1). *A Comprehensive Review of Health Benefits of Qigong and Tai Chi.* Sage Journals. https://journals.sagepub.com/doi/10.4278/ajhp.081013-LIT-248?url_ver=Z39.88-2003&rfr_id=ori%3Arid%3Acrossref.org&rfr_dat=cr_pub%3Dpubmed&

Janet, S. & Gowri, P. (2017). *Effectiveness of Deep Breathing Exercise on Blood Pressure Among Patients with Hypertension.* International Journal of Pharma and Bio Science. http://dx.doi.org/10.22376/ijpbs.2017.8.1.b256-260

Jerath, R., Beveridge, C. & Barnes, V. (2019, January 29). *Self-Regulation Breathing of Breathing as an Adjunctive Treatment of Insomnia.* Frontiers. https://doi.org/10.3389/fpsyt.2018.00780

Johnson, J. (2020. May 27). *What to Know About Diaphragmatic Breathing.* Medical News Today. What is diaphragmatic breathing? Benefits and how-to (medicalnewstoday.com)

Jordan, S. (2016, February 7). *An Introduction to Focusing.* British Focusing Association. https://www.focusing.org.uk/an-introduction-to-focusing

Kelloway, R. (2019, March 29). *5 Somatic Experiencing Exercises to Keep Grounded During Coronavirus Uncertainty.* Life Care Wellness. https://life-care-wellness.com/somatic-experiencing-exercises-to-keep-you-grounded/

KoK, B., Coffey, K. & Cohn, M. (2013, May 6). *How Positive Emotions Build Physical Health: Perceived Positive Social Connections Account for the Upward Spiral Between Positive Emotions and Vagal Tone.* Sage Journals. https://doi.org/10.1177%2F0956797612470827

Langmuir, J., Kirsch, S. & Classen, C. (2012). *A Pilot Study of Body-Orientated Group Psychotherapy for the Group Treatment of Trauma.* APA PsycNet. https://psycnet.apa.org/doi/10.1037/a0025588

Leung, G & Khor, S. (2017, April 25). *Gestalt Intervention Groups for*

RÉFÉRENCES

Anxious Parents in Hong Kong: A Quasi-Experimental Design. Taylor & Francis Online. https://doi.org/10.1080/23761407.2017.1311814

Lindberg, S. (2019, January 9). *Psychopath.* Healthline. https://www.healthline.com/health/psychopath

Lynch, D., Laws, K & McKenna, P. (2009, May 29). *Cognitive Behavioral Therapy for Major Psychiatric Disorder: Does It Really Work? A Meta-Analytical Review of Well-Controlled Trials.* Cambridge University Press. https://doi.org/10.1017/s003329170900590x

Lyon, B. (2017, August 1). *Shame and Trauma.* Center for Healing Shame. https://healingshame.com/articles/2017/8/21/shame-and-trauma

Ma, X., Yue, Z., Gong, Z., Zhang, H., Duan, N., Shi, Y., Wei. G. & Li, Y. (2017, June 6). *The Effect of Diaphragmatic Breathing on Attention, Negative Affect and Stress in Healthy Adults.* PubMed Central. https://dx.doi.org/10.3389%2Ffpsyg.2017.00874

MacCarthy, M. (2019, December 17). *Somatic Low Back & Psoas Release.* (2) Somatic Low Back & Psoas Release - YouTube

Mertz, C. (2013). *The Effectiveness of Psychodrama for Adolescents who have Experienced Trauma.* Smith ScholarWorks. https://scholarworks.smith.edu/cgi/viewcontent.cgi?article=2024&context=theses

Meyer, A. (2020, June 20). *Subconscious Mind & Inner Child Explained: The Key to Wellbeing.* Medium. https://medium.com/invisible-illness/the-subconscious-mind-inner-child-explained-511b1ef93c7f

Miller, B., Littlefield, W., Morano, R., Wilson, D., Sears, F., Chaiken, I., Moss, E., Barker, M., Tuchman, E., Chang, Y., Hockin, S., Weber, J., Siracusa, F., & Fortenberry, D. (Executive Producers). (2017–present). *The Handmaid's Tale* [TV series]. Daniel Wilson Productions Inc.; The Littlefield Company; White Oak Pictures; MGM Studios.

Millman, R. (2019, March 24). *Healing the Inner Child | Tapping with Renee.* Healing The Inner Child | Tapping with Renee - YouTube

Millman, R. (2020, February 16). *Tapping to Heal the Inner Child and Letting Go of Shame | Tapping with Renee.* Tapping To Heal The Inner Child and Letting Go Of Shame | Tapping With Renee - YouTube

Moore, A. & Malinowski, P. (2009, March 18). *Meditation, Mindfulness and Cognitive Flexibility.* PubMed. https://pubmed.ncbi.nlm.nih.gov/19181542/

Morrisey, S. & Marr, J. (1984). Still Ill (Song) on *The Smiths.* Rough Trade.

Ortner, C., Kilner, S. & Zelazo, P. (2007, November 20). *Mindfulness Meditation and Reduced Emotional Interference on a Cognitive Task.* Springer Link. https://link.springer.com/article/10.1007/s11031-007-9076-7

Osadchey, S. (2028, August 8). *Somatic Experiencing (SE).* Good Therapy. https://www.goodtherapy.org/learn-about-therapy/types/somatic-experiencing

Pandiculation - The Safe Alternative to Stretching. (2010, September 30). Essential Somatics. https://essentialsomatics.com/clinical-somatics-articles-case-studies/pandiculation-safe-alternative-stretching

Psychodrama. (2016, May 16). Good Therapy. https://www.goodtherapy.org/learn-about-therapy/types/psychodrama

Richmond, C. (2018, November 29). *Emotional Trauma and the Mind-Body Connection.* WebMD. https://www.webmd.com/mental-health/features/emotional-trauma-mind-body-connection

Saadati, H. & Lashani, L. (2013, July 9). *Effectiveness of Gestalt Therapy on Self-Efficacy of Divorced Women.* Science Direct. https://doi.org/10.1016/j.sbspro.2013.06.721

Sensorimotor Psychotherapy. (2015, August 24). Good Therapy. Sensorimotor Psychotherapy (goodtherapy.org)

Shapiro, F. (2014). *The Role of Eye Movement Desensitization and Reprocessing (EMDR) Therapy in Medicine: Addressing the Psychological and Physical Symptoms Stemming from Adverse Life Experience.* The Permanente Journal. https://dx.doi.org/10.7812%2FTPP%2F13-098

Shella. T. (2017, May 26). *Art Therapy Improves Mood, and Reduces Pain and Anxiety When Offered at Bedside During Acute Hospital Treatment.* Science Direct. https://www.sciencedirect.com/science/article/abs/pii/S0197455617301053

Somatic Experiencing International. (2019, August 15). *What is*

Pendulation in Somatic Experiencing with Peter A Levine, PhD. https://www.youtube.com/watch?v=LiXOMLoDm68&t=1s

Tomasulo, D. (2021, June 18). *Do You Need a Mama Psychodrama?* LinkedIn. https://www.linkedin.com/pulse/do-you-need-mama-psychodrama-dan-tomasulo

Transformations Treatment Center. (2018, October 1). *EMDR: Self-Soothing at Home. (2) EMDR: Self-soothing at home - YouTube*

Tune Up Fitness (2020, March 10). *Hum to Activate the Vagus Nerve.* Hum to Activate the Vagus Nerve - YouTube

Tune Up Fitness. (2020, March 10). *Vagus Nerve: Breathing for Relaxation.* Vagus Nerve: Breathing for Relaxation - YouTube

Valiente-Gomez, A., Moreno-Alcazar, A., Treen, D., Cedron, C., Colom, F., Perez, V. & Amann, B. (2017, September 26). *EMDR Beyond PTSD: A Systematic Literature Review.* Frontiers in Psychology. https://doi.org/10.3389/fpsyg.2017.01668

Van Korff, M., Crane, P., Lane, M., Miglioretti, D., Simon, G., Saunders, K., Stang, P., Brandenburg, N. & Kessler, R. (2005, February). *Chronic Spinal Pain and Physical-Mental Comorobidiy in the United States: Results From the National Comorbidity Survey Replication.* PAIN 10.1016/j.pain.2004.11.010

Virant, K. (2019, May 12). *Chronic Illness and Trauma Disorders.* Psychology Today. https://www.psychologytoday.com/gb/blog/chronically-me/201905/chronic-illness-and-trauma-disorders

Wagner, D. (2016, June 27). *Polyvagal Theory in Practice.* Counseling Today. Polyvagal theory in practice - Counseling Today

Warren, S. (2019, April 21). *What is Pandiculation?* Somatic Movement Center. https://somaticmovementcenter.com/pandiculation-what-is-pandiculation/

Winn, A. (2019, August 15). *Energy Psychology Demonstration - Correct Demo of Cooks Hook Up.* (3) Energy psychology demonstration - Correct demo of Cooks Hookup - YouTube

Yates, B. (2013, September 28). *Self-Love in About Five Minutes - Tapping with Brad Yates.* https://www.youtube.com/watch?v=tLWTzQWa2hg

Yates, B. (2014, February 28). *Self-Compassion - Tapping with Brad Yates.* https://www.youtube.com/watch?v=KHydpkmWydI

Yates, B. (2020, August 31). *Narcissists (Getting Free from Past or Present Pain) - Tapping with Brad Yates.* Narcissists (getting free from past or present pain) - Tapping with Brad Yates - YouTube

Zhang, M., Zhang, Y. & Kong, Y. (2020, May 18). *Interaction Between Social Pain and Physical Pain.* SAGE Journals. https://doi.org/10.26599%2FBSA.2019.9050023

Zwerican, A & Joseph, S. (2018, October 1). *Focusing Manner and Posttraumatic Growth.* Core. https://www.focusing.org.uk/an-introduction-to-focusing

VOTRE AVIS COMPTE

Nous aimerions avoir l'audace de vous demander un acte de gentillesse. Si vous avez lu et apprécié notre/nos livre(s), pourriez-vous s'il vous plaît laisser une critique honnête sur Amazon ou audible ? En tant que groupe d'édition indépendant, vos commentaires sont d'une importance capitale pour nous. Nous lisons toutes les critiques que nous recevons et serions ravis de connaître votre avis, car chaque commentaire nous aide à mieux vous servir. Vos commentaires peuvent également avoir un impact sur d'autres personnes à travers le monde, en les aidant à découvrir des connaissances puissantes qu'elles peuvent mettre en œuvre dans leur vie pour leur donner de l'espoir et de l'autonomie. Je vous souhaite beaucoup d'autonomie, de courage et de sagesse tout au long de votre vie.

Si vous avez lu ou écouté l'un de nos livres et que vous souhaitez en faire la critique, vous pouvez le faire en cliquant sur l'onglet "en savoir plus" situé sous l'image du livre sur notre site web :
https://ascendingvibrations.net/books